마라나타

일곱 인봉(seal) 이야기 네 번째

마라나타 / 일곱 인봉(seal) 이야기 네 번째

1판 1쇄 발행 2023년 11월 1일
지은이 소향

발행인 장진우
편집 김문석 | 디자인 윤석운

펴낸곳 호산나출판사
등록 제 2-0000호(2005.9.27)
주소 경기도 안양시 벌말로 123 909호
전화 1644-9154
홈페이지 www.hosanna.co.kr
인쇄 창영프로세스
가격 12,000원

ISBN 979-11-89851-52-1

마라나타

소향

✝ 네 번째

일곱 인봉(Seal) 이야기

HOSANNA

차
례

6장은 계시록의 서두를 지나 본론으로 들어가는 입구라고 보면 될 것이다. 예수님이 언급하신 '속히 될 일'의 기본 배경이자 규칙을 설명하고 있는 장이라고 할 수 있다. 우리가 살펴보았던 5장은 6장에서 일어나는 심판의 현상들이 하나님으로부터 심판의 주권을 이양받으신 어린 양 곧, 예수 그리스도를 통해 일어나게 될 것임을 보여주는 챕터였다.

우리는 5장에서 어린 양이신 그가 이겼고 책의 인을 떼기에 합당한 자라는 사실을 충분히 살펴봤다. 이제 6장은 그가 그 자격을 가지고 인(seal)들을 떼었을 때 어떤 현상이 나타나는지를 보여주고 있다.

이 책은 7개의 인봉을 떼어 낸 후 일어날 일들이 무엇일까에 대한 궁금증을 답해주는 해석서는 아니라고 말하고 싶다. 7인봉들을 떼면서 일어나게 되는 일들이 '이러이러할 것이다'라는 추측에 너무 매달리지 않기를 원한다.

우리에겐 앞으로 일어나는 일들이 정확히 무엇인지를 아는 것보다 하나님의 심판이 일어날 것이라는 사실 그 자체와 그 가운데서 어떻게 우리 자신을 지켜내고 세상을 이겨내느냐가 더 중요하다.

이 부분에 대해선 예수님은 이미 7교회에 보내신 서신들에서 충분히 설명하신 바 있다. 그런데도 예수님이 요한을 통해 앞으로 일어날 심판의 현상들이 무엇인지를 보여주시는 이유는 성도들이 그 현상들을 보고 세대를 분별하여 주님의 오실 때를 준비하라는 의미인 것 같다.

앞서 우리는 예수님의 음성이 나팔소리 같다는 의미에 대해 살펴본 바 있다. 그것은 앞으로 다가올 개인적, 거시적 관점의 전쟁을 예비하라는 의미도 있지만, 우리 스스로가 하나님의 나팔소리가 되어 그의 경고를 알리는 선지자와 같은 역할을 하라는 의미로도 해석될 수 있음을 설명했었다.

교회는 성도 자신의 구원을 위해 예수님의 오심을 예비해야 하지만, 그 오심과 동시에 일어날 일들을 세상에 선포함으로써 파수꾼, 나팔수의 역할을 감당해야 한다.

만약 6장이나 그 뒤에 연이어 등장하는 '속히 될 일'에 대한 예언이 없다면 우리는 세상을 향해 하나님의 경고와 나팔 소리에 대해 정확한 분별력을 가지고 선포할 수 없을 것이다. 하나님이 세상을 통치하신다는 증거, 그로 인해 일어날 심판과 구원에 관한 일들에 대한 증거가 바로 7인봉, 7나팔, 7대접 재앙의 사건들과 그 가운데 일어나는 구체적인 세상의 일들이라고 할 수 있다.

예언은 세상 사람들로 하여금 하나님의 살아계심을 보게 하는 도구다. 하나님은 앞으로 일어날 일들을 사도인 요한에게 보여주심으로 무분별하게 일어날 잘못된 거짓 예언들에 대한 사단의 계획을 파하고자 하셨다.

하나님의 교회 안에서도 사단의 미혹하는 영들은 활동한다. 어쩌면 교회 안에서 더 많이 역사할 수밖에 없는 일이 사단의 미혹이다. 그들의 목표는 교회를 무너뜨리는 데 있다. 교회를 무너뜨려야만 진리가 가려질 수 있기 때문이다.

교회가 바로 서는 것, 진실과 거짓이 드러나는 것, 무엇보다도 인간으로 하여금 하나님을 알게 하고 믿게 하는 힘이야말로 이 세상을 변화시키고 사람들의 영혼을 건지는 엄청난 힘이라는 것을 사단도 알고 있는 바다.

하나님은 앞으로 다가올 미래에서 사단의 교묘한 술수와 속임수를 알고 계셨다. 미래에 대한 일들을 미리 알려 두지 않으면 앞으로 어떠한 미혹이 하나님의 교회를 망쳐 놓게 될지, 그것을 통해 얼마나 많은 영혼이 멸망 가운데 들어갈지를 앞서서 보신 것이다.

이 때문에 하나님은 요한을 준비하셨다. 예수님이 살아계실 때 모든 제

자들에게 앞으로 일어나게 될 미래의 일들, 특별히 마지막 때에 일어나게 될 거대한 전쟁과 핍박에 대해 말씀하셨어도 하나님은 앞으로 일어날 교회에 더욱 구체적으로 보여주기를 원하셨다.

요한이 계시록을 쓰기 전 사도들의 시대에는 예수님의 재림에 대해 항상 준비하는 마음을 가지고 있었다. 예수님은 하늘로 승천하시면서 반드시 다시 오시리라고 말씀하셨기 때문이다. 또한, 그의 제자들에게 마지막 사건에 대해 구체적으로 말씀하셨기에 당시의 성도들은 예수님의 다시 오심이 얼마 남지 않았을 것이라 예상했었다.

그러나 그의 오심은 아주 오랜 시간을 지나야 했다. 예수님의 말씀이 있었을지라도 재림에 대한 경각심은 곧 무너질 것이었다. 하나님은 교회를 알고 계셨다. 사단이 교회를 어떻게 미혹할지 알고 계셨다. 사도들이 교회를 위해 피를 흘리고 난 후 하나님의 나라로 가게 되고 그 뒤 오랜 시간이 지나도 예수님이 오시지 않는다는 것을 알게 되면 그의 재림에 대해 의구심을 가질 수도 있음을 아셨다.

하나님은 요한을 통해 마지막에 일어나야 할 많은 현상이 무엇인지를 알려주심으로서 성도들이 주님의 오심에 대한 믿음을 잃지 않기를 원하셨다.

주님이 더디 오시는 이유는 오직 많은 이들을 구원하시기 위함이다. 그들의 구원을 위해 하나님은 심판을 늦추고 계시는 것뿐이다.

하나님은 그의 메시지를 전하게 하시기 위해 교회를 통하여 이 마지막 때의 일을 미리 알리셨다. 모세가 10가지 재앙들을 바로와 애굽인들에게 미리 알렸던 것처럼 이제 일어날 하나님의 성도들은 세상에 하나님의 영광과 역사하심을 알리게 될 것이다.

이것은 매우 영광스러운 직분이다. 그러나 그만큼 마지막 성도들은 많은 환난과 반대에 부딪히게 될 것이다. 마지막 때에 마지막 전쟁을 치르게 될 성도들이 얼마만큼 중요한지를 알 수 있다.

지금 이 세대는 라오디게아 교회와 비슷하다고 볼 수 있다. 그 어떤 세대보다 성경에 대한 것뿐 아니라 세상에 대해 훨씬 많은 분량의 지식을 소유하고 있다. 요한이 2000년 전에 예언했던 미래의 일에 대해 직접 만지고 보고 듣고 있는 사람들이 바로 지금의 성도들이다. 그러나 많이 받은 만큼 많은 책임이 따른다.

모세와 같은 역할을 감당하는 영광스러운 직분 뒤에는 반드시 모세가 감당해야 했던 책임과 환난도 뒤따랐던 것처럼 말이다.

확실한 것은 이와 같은 중요한 역할에서 피할 수 있는 마지막 때의 성도들은 한 명도 없다는 사실이다. 우리는 어쩌면 초기 교회 성도들보다 더한 믿음을 요구당할지도 모른다. 그 때문에 하나님은 요한을 통해 마지막 일어날 환난에 대해 구체적으로 기록하신 것이리라 믿는다.

버가모 교회 사자에게 말씀하신 것처럼 '네가 지금 어디에 있는지 모른단 말이냐? 너는 사단의 보좌에서 살고 있다. 그러므로 너의 환난은 당연한 것이다'라고 주님이 우리에게도 말씀하시는 것 같다는 생각이 든다.

이제 눈을 부릅뜨고 마지막 때의 일을 눈에, 마음에 담기를 부탁해 본다. 또 그 가운데서 우리가 지키고 선포해야 할 것이 무엇인지를 깊이 생각하기를 원한다.

이것을 쓰고 있는 나 또한 이곳에서 주시는 하나님의 음성을 더욱 깊이 느끼려 한다. 예수 그리스도의 영광과 사랑과 그의 넓고 깊고 길고 높으신 사랑과 지식이 읽는 모든 이들에게 임하기를 원하며.

✝
네 번째
일곱 인봉
(seal)
이야기

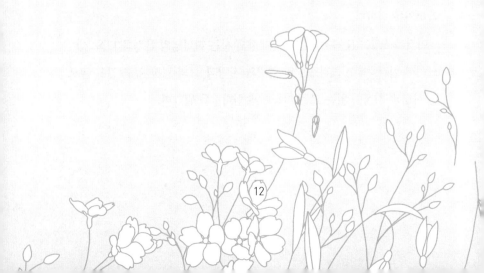

01
Chapter

첫 번째 인

1장
___

인봉의 기능

시선의 전환점

계시록의 환상의 시점은 총 네 번 바뀐다. 첫째는 밧모섬, 둘째는 천상, 셋째는 광야, 넷째는 높은 산이다. 그러나 이 모든 환상은 결국 요한이 있었던 밧모섬에서 본 것이다. 다만 육체가 땅에 있을지라도 성령의 감동 하에 어디 어디에서 그 환상을 보았는지, 그 관점이 어떻게 달라졌는지를 앞서 설명했었다.

4장의 '올라오라'는 명령이 있자 요한은 하늘로 이끌려 올라갔었다. 그 관점을 통해 요한은 '하늘'이라는 장소에서 일어나는 일들을 목격하고 그것을 기록했다. 그에 대한 기록이 4장과 5장이라고 할 수 있다.

하지만 6장에 와서 이제 요한의 시선이 다른 곳으로 옮겨진다. 환상을 보는 장소는 여전히 천상이라고 할지라도 그의 시선이 이제 땅으로 옮겨졌음을 보여준다.

하늘에서 '오라!'는 명령이 땅으로 하달되어 그 명령이 어떤 방법을 통해 이행되는지를 우리는 요한의 시각을 통해 볼 수 있다. 이러한 기본 배경을 명확하게 알아두는 것은 계시록을 보는 데 있어 매우 중요하다.

그리고 이 배경 속에 깔린 원칙을 아는 것도 중요한데 다음과 같다.

뜻이 하늘에서 이뤄진 것 같이 땅에서도 이뤄진다는 원칙, 땅에서 매면 하늘에서도 매이고 땅에서 풀면 하늘에서도 풀린다는 원칙이다. 이 원칙은 오직 예수 그리스도라는 중보자에 의해 이뤄진다. 심판의 시작을 알리는 것은 하늘이지만 그 심판의 원인은 결국 땅의 죄악이고 그 죄악으로 인한 하나님의 사람들의 탄원과 신원이 하늘에 닿았다. 이 신원은 예수님을 통해 하나님께 열납되고 그로인해 심판이 일어나게 될 것이다. 계시록 전반에 흐르는 모든 사건들은 이 원칙에 따른 과정이 없이는 일어나지 않는다고 보면 될 것이다.

인봉이 떼어지는 일의 순서는 아래와 같다.

어린 양이 인봉을 떼심-〉 네 생물 중의 하나의 명령 '오라!'-〉 흰 말 탄자의 등장-〉 그가 활을 가졌고 면류관을 받고 이기고 또 이기려고 함

이 과정은 그다음 두 번째, 세 번째, 네 번째까지 동일하게 반복된다. 다만 두 번째, 세 번째, 네 번째 인을 통해 일어나는 일의 결과가 다를 뿐이다.

그러나 그다음 5째 인과 6째 인봉은 네 생물의 명령이 없이 오로지 예수님이 인을 떼시는 사건 이후에 즉각적으로 일어난다.

하늘에서 시작된 일이 땅에서 이뤄지는 것을 보는 시선의 옮겨짐은 매우 중요한 의미를 지닌다. 하늘의 일이 다만 하늘에 국한된 것이 아니라

는 것을 보여주기 때문이다. 4장과 5장에서 볼 수 있었던 영원의 일들은 반드시 땅에 영향을 미치기 때문에 일어났던 일이었음을 시사하는 것이다.

하나님의 관심은 땅이다. 그분이 속하신 곳이 영원이고 하늘이라고 할지라도 그의 아들 예수 그리스도는 땅에서 십자가를 지셨고 피를 흘리셨다. 그로 인해 하늘에 변화가 일어났다. 하늘의 뜻이 땅에서, 하늘에 계신 하나님의 구원과 심판의 계획이 땅에서 이뤄진 것이다.

하나님의 마음과 시선과 모든 행하시는 일의 목적은 땅에 있는 인류에게 있다.

그의 모든 창조의 의미가 제한적 공간인 땅에 있고 그 땅에서 사는 사람들에게 있음을 우리는 요한의 시선의 흐름을 통해 알 수 있다.

하나님은 세상을 사랑하신다. 이에 대한 부분은 아무리 강조해도 지나치지 않다. 그 사랑 때문에 구원도 하시고 심판도 하신다. 그의 일들은 사랑이 없이는 그 어느 하나도 일어나지 않는다.

그러나 또한 우리가 알아야 할 것은 여기서 보게 될 모든 재앙이 모두 그분의 의도만으로 일어나는 일이 아니라는 점이다. 다시 한번 강조하지만, 하늘에서 일어나는 심판은 땅에서 일어난 죄악 때문에 비롯되었다는 것을 기억해야 한다.

멸망의 짐승의 집권은 반드시 일어날 일이다. 이 일은 예수님도 하나님도 그의 선지자들을 통해 미리 예언하신 미래라고 할 수 있다. 그렇다고 하나님이 그 멸망의 존재를 의도적으로 만드셨다고는 볼 수 없다.

그는 스스로 하나님을 대적하기 위해 일어난 존재다. 사람들 또한 스스로 그 멸망의 존재의 선동에 동조하고 함께 멸망에 들어가기로 선택했을 뿐이다.

하나님은 이 일을 미리 보시고 그에 맞춰 그의 심판을 행하신다. 장기판 위 상대의 말이 어떠한 공격을 하는지에 따라 내 장기판의 말을 움직이는 방법이 달라지는 것과 같은 이치다.

지금 우리가 보고 있는 장면은 사단이 어떻게 움직여 하나님을 대적하고 세상을 멸망으로 들어가게 하는지를 하나님이 앞서 보시고 그때 우리가 어떻게 그들을 이기는지를 보여주는 영상과 같다.

하나님은 이러한 미리보기를 통해 사단에게 속한 세상은 결코 하나님을 이길 수 없다는 것을 알려주신다. 세상의 권세가 아무리 강해 보여도 하나님의 성도들은 반드시 하나님의 전능하심으로 이길 수밖에 없음을 보여주시는 것이다.

이것이 마지막 때 성도들에게 가장 필요한 지식이다. 이 지식이 곧 우리에게 힘이 될 것이다. 피곤하고 지치고 괴로우며 두려울 그 때에 우리로 하여금 믿음을 잃지 않게 하기 위해 하나님은 그의 놀라운 '수'를 성도들에게 계시하신 것이다.

그러나 이것은 오직 믿고 그의 뜻대로 행하는 자들만이 누릴 미래라고 할 수 있다. 믿지 아니하는 땅의 모든 이들은 반드시 하나님의 심판 가운데로 들어가게 될 것이다. 하나님은 교회를 통해 세상에게 두 가지의 길을 선보이신다.

생명의 길로 갈 것이냐, 멸망의 길로 갈 것이냐.

믿음의 길로 갈 것이냐, 불신의 길로 갈 것이냐.

나는 이러한 제안조차 하나님의 사랑이라고 생각한다. 사실 영원 속의 하나님은 인간의 멸망에 관여하실 이유가 없다. 인간이 죄를 짓든 의롭든 그가 무슨 상관일까. 그러나 그는 변론하시며 아파하시며 촉구하시며 또한 책임지고자 하신다.

출애굽 때 하나님이 바로에게 그의 강퍅한 마음을 통해 심판을 행하신 것은 애굽인들 중 한 명이라도 하나님께 돌이키게 하시기 위함이다. 그의 영광을 보이심으로서 구원을 얻게 하려 하심이다.

마찬가지로 마지막 때에도 하나님은 그의 영광을 보이셔서 한 명이라도 더 하나님을 믿게 하려는 의도를 가지고 계신다. 교회 또한 하나님의 사랑을 믿음으로써 세상을 향해 선포해야 할 것이다. 그의 사랑 안에서 사랑이 가진 힘으로 선포해야 할 것이다.

앞서 말한 바와 같이 하나님의 오른손에 있던 책의 일곱 인봉은 그 인봉을 열(open) 사람을 분별하는 기능이 있다. 인봉은 인봉을 여는 자가 **유다 지파의 사자요 다윗의 뿌리로 난 사람인지** 아닌지를 인지할 수 있다.

그뿐 아니라 인봉은 모든 세상에서 태어났던 인류의 모든 죄의 행위를 보고 들은 '사람'을 알아보고, 율법에 명시된 모든 것을 완벽히 지킨 사람을 알아본다. 그 사람이 율법을 지키는 행위는 표면적으로 나타난 행위에만 국한된 것이 아니다. 마음으로 하는 모든 생각이 하나님의 기준에 어긋나지 않아야 한다.

인봉은 마음으로나 행위로나 하나님의 율법을 지킨 완벽한 사람을 알아볼 수 있다. 또한, 인봉은 죄를 지은 모든 인류를 위해 영원한 대속물이 되어준 사람을 인지할 수 있다.

책에 인봉이 있는 목적은 어느 때가 될 때까지 책의 내용이 드러나지 못하게 하는 데 있다. 또한, 이 '금지'는 책의 내용이 실제로 일어나지 못하게 하는 데 있다는 것도 알 수 있다.

따라서 인봉이 풀렸다는 것은 그동안 금지되었던 일들이 드러날 뿐 아니라 실제로 일어나는 것을 의미한다. 그것이 무엇인지는 알 수 없으나 그 인봉의 일들은 그동안 일어나지 않았던 일이며 그것은 인류에게 있어 매우 심각한 일이라는 것을 알 수 있다. 전에 없었던 일이고 하나님의 때가 되어 일어나는 일이다.

이 일이 무엇인지 알아보기에 앞서 우리는 인봉 즉, seal이 성경에서 어떠한 의미가 있는지 알아봐야 한다. 사실 이 부분에 대해서는 모든 이들이 상식적으로 알고 있다. 인봉은 누군가가 그 안에 내용물을 보지 못하게 잠그는 기능을 한다. 혹은 왕과 같은 정치적인 권력자들이 어떠한 일을 하기 위해 조서를 내려서 그 일이 반드시 일어나도록 확증하는 역할을 한다.

예를 들어, 다리우스 왕이 찍은 서류의 인장이 법을 실질적으로 효력이 있게 만드는 것과 같은 이치다. 다리우스 왕 밑의 관료들이 만든 조서에 왕의 인장이 찍힘으로 다니엘을 음해하는 세력이 힘을 얻는 것을 볼 수 있다. 왕은 다니엘을 아껴 그를 사자굴에서 건져내려 하지만 인장을 찍은 법의 효력으로 인해 다니엘을 구해내지 못했다. 이는 인장이 찍힌 법이 효력을 나타내고 있음을 보여준다. 그럼에도 결국엔 다니엘은 사자들의 입에서 건져졌지만 말이다.

지금도 법에 효력이 발생하기 위해선 여러 가지 확인 인장을 거쳐야 한다. 국회가 통과되어야 하고 대통령의 인장이 찍혀야만 한다. 이것이 인장이 가지는 힘이다. 인장을 가지고 있다는 것은 그가 가진 권력의 경계

안에서 실제로 발휘되는 법률에 대한 권한을 가지고 있다는 것을 의미한다.

또 인장은 소유권이 누구에게 있는가를 보여줄 때 사용된다. 아파트 매매 계약서, 부동산 증서, 차의 소유권이나 심지어 양육권이 누구에게 있는지를 알려주는 것도 도장이나 인장이 있어야 한다.

성경에서도 하나님의 사람들이 하나님의 소유임을 나타내는 인치심의 증거가 그에게 성령이 계시는 상태임을 강조한다. 계 9:4절에서도 하나님의 인 맞은 사람들을 제외한 모든 이들이 황충 재앙을 피해가지 못한다.

이처럼 인봉, 인장은 책에 적힌 하나님의 말씀이 반드시 땅에서 일어나는 일이라는 것을 보여주는 동시에 하나님의 소유 가운데 있는 사람들이 누구인지도 알려주는 목적으로 만들어졌음을 알 수 있다.

심판의 계획서

7인봉은 한마디로 심판이 일어나게 하는 하나님의 '방법'이자 '계획'이다. 7인봉은 죄악을 범한 세상을 구체적으로 어떻게 심판할 것인지에 대한 방법론을 계시하고 있다. 이것은 하나님이 모세를 통해 애굽에 심판을 행하실 때 10가지 재앙을 통해 행하신다는 방법을 미리 보여주신 것과 같은 이치다.

애굽에 일어난 하나님의 심판 방법은 아래와 같다.

1. 이 심판은 모세를 통해 일어난다.
2. 심판이 일어나는 근본적인 원인은 이스라엘인들의 부르짖음 때문이다.
3. 바로의 강퍅함을 통해 일어난다.
4. 10가지 재앙을 통해 일어난다.

이러한 방법은 소돔과 고모라에 있었던 롯의 경우와도 크게 다르지 않다. 소돔과 고모라 땅에 심판이 일어난 이유는 그들의 죄악이 하늘에 닿았고 그 죄악으로 고통받았던 자들의 부르짖음이 있었기 때문이다.

즉, 기도와 탄원이 있었기 때문이라는 것을 알 수 있다. 그 뒤 소돔과 고모라는 불과 유황이라는 '방법'으로 멸망했다. 이러한 일들은 심판이 일어나는 데 있어 빠질 수 없는 요소다.

이처럼 7인봉도 앞으로 세상에 일어나게 될 심판이 구체적으로 어떠한 과정과 방법을 통해 일어나는지를 미리 보여주는 하나님의 계획서라고 할 수 있다.

그렇다면 그 내용들을 들여다보자.

1. **예수님이 첫째 인봉을 떼실 때** 네 생물 중 하나가 우렛 소리 같이 '오라'고 한 후에 흰 말 탄 자가 나타난다. 그가 활을 가졌고 면류관을 받고 나가서 이기고 또 이기려고 했다.

2. **예수님이 둘째 인봉을 떼실 때** 둘째 생물이 말하되 '오라' 하니 붉은 말을 탄 자가 허락을 받고 땅에서 화평을 제하여 버리고 서로 죽이게 한다.

3. **예수님이 셋째 인봉을 떼실 때** 셋째 생물이 말하되 '오라' 하니 검은 말이 나오고 그 탄 자가 손에 저울을 가졌다. 그때 요한은 네 생물 사이에서 음성을 듣는다. 한 데나리온에 밀 한 되요 한 데나리온에 보리 석되로다. 감람유와 포도주는 해치 말라 하더라.

4. **예수님이 넷째 인봉을 떼실 때** 넷째 생물이 가로되 '오라'라고 명령한다. 청황색 말이 나오고 그 탄자가 나타나는데 그 이름이 사망이다. 그 뒤로 음부가 따랐다. 그들이 땅 사분의 일의 권세를 얻어 검과 흉년과 사망과 땅의 짐승으로 죽였다.

5. **예수님이 다섯째 인봉을 떼실 때** 하나님의 말씀과 그들이 가진 증거로 인해 죽임을 당한 영혼들이 제단 아래 있는 것이 보였다. 그들이 큰 소리로 하나님께 부르짖어 말하길 '거룩하고 참되신 대주재여 땅에 거하는 자들을 심판하여 우리 피를 신원하여 주지 아니하시기를 어느 때까지 하시려나이까'하자 예수님이 각각 저희에게 두루마기를 주시면서 '아직 잠시 동안 기다려라 너희 친구들도 너희처

럼 죽임을 받아 그 수가 차기까지 기다리라'고 말씀하셨다.

6. **예수님이 여섯째 인봉을 떼실 때** 큰 지진이 나고 해가 총담 같이 검어지고 달이 피같이 되고 하늘의 별들이 무화과나무가 대풍에 흔들려 선 과실이 떨어지는 것 같이 떨어지는 현상이 일어나고 하늘은 종이가 말리는 것 같이 말려 떠나가고 각 산과 섬들이 그 자리에서 사라지거나 옮겨진다.

   땅의 왕들과 왕족들과 장군들과 부자들과 강한 자들과 각 종과 자주자들이 굴과 산 바위틈에 숨어서 말하길 '어린 양의 진노에서 우리를 가리우라, 그들의 진노의 큰 날이 이르렀으니 누가 능히 설까' 라고 두려워하며 말한다.

7. **예수님이 일곱째 인봉을 떼실 때** 하늘이 반시 동안 고요하고 하나님을 시위하고 있던 일곱 천사들이 일곱 나팔을 받는다. 그외 또 다른 천사가 제단 곁에 서서 금향로를 가지고 많은 향을 받는다.

   향로의 연기가 성도의 기도와 함께 하나님께 올라가고 그 천사는 향로를 가지고 단 위의 불을 담아다가 땅에 불을 쏟으니 뇌성과 음성과 번개와 지진이 일어났다. 그 후에 일곱 나팔 가진 천사가 일곱 나팔 불기를 예비했다.

일곱 번째 인봉이 떼어진 후 일어나는 일은 6장에 기록된 것이 아닌 8장에 기록되어 있는 일이다. 그러나 7인봉들의 특성을 보기 위해 이곳에 기록해 보았다. 우리는 이 일곱 개의 인봉들이 떼어지는 과정에서 가장 두드러지게 볼 수 있는 공통적 과정이 있다는 것을 알 수 있다.

심판의 첫 번째 방법은 '예수님'이 인봉을 떼시는 것이다. 마치 모세의 입술에서 바로 왕에게 경고한 그대로 그 일들이 일어나는 이치와 같다.

계속 강조하지만, 이 인봉들은 오로지 예수님만 떼실 수 있다. 그가 떼셔야만 심판이 진행된다는 것을 계시록은 계속해서 보여주고 있다. 심판의 주체가 누구인지를 명확히 하기 위해서다.

그리고 **심판은 반드시 바로의 강퍅함과 같은 세상 권력의 강퍅함을 이용하는 데서 일어난다.** 첫 번째부터 네 번째까지의 심판은 모두 네 생물들의 명령을 통해 일어나고 있다. 첫 번째는 흰말, 두 번째는 붉은 말, 세 번째는 검은색 말, 네 번째는 청황색 말들이 나타나는데 모두 그 위에 탄 자들이 있다.

심판의 일어나는 과정들을 볼 때 이들은 모두 네 생물의 권위 아래 복종할 수밖에 없는 존재들이라는 것을 알 수 있다. 생물의 명령이 있고 난 후 말탄 자들이 생물들의 명령대로 나왔기 때문이다.

분명히 알 수 있는 사실은 말 탄 자들이 네 생물보다는 아래에 위치한 자들이라는 점이다. 그들은 '땅'에서 나타나는 존재들로서 하나님의 창조물인 네 생물보다도 낮은 위치에서 땅에서 활동하고, 땅에 속한 어떤 세력들일 것으로 추정된다.

땅은 두 경계로 나뉜다. 하나는 교회이고 또 다른 하나는 교회를 제외한 세상이라고 할 수 있다. 분명한 건 네 생물들이 명령하고 있는 네 종류의 말들은 결코 교회의 세력은 아니라는 사실이다.

그 말들과 탄 자들이 나타난 이후 일어나는 일들은 하나님의 선하심을 나타내거나 교회가 해야 할 일들과 관계되는 것이 없다. 또한 말은 전쟁에 사용되는 동물이다.

물론 교회도 영적인 전쟁을 항상 치르고 있는 존재들이기는 하다. 그러나 말 탄자들의 출현 후 나타나는 일들은 악한 존재의 출현과 실제적인 전쟁이다.

네 생물의 명령은 다만 세상의 세력이 행하려는 일에 대한 허락이다.

그 일을 기뻐해서 허락한 것이 아니라 하나님이 막고 계셨던 불법의 일을 그들이 더 이상 막지 않게 된 것이다. 출애굽을 위해 바로를 세운것처럼 하나님은 영원한 가나안을 위해서 마지막 때 일어 날 불법의 아들의 계획을 허락하실 것이다. 이로 인해 심판은 시작된다.

사망, 음부, 기근, 화평을 제하는 전쟁과 같은 일 자체는 결코 하나님의 교회가 할 수 있는 일이 아니다. 이는 세상에 속한 자들이 세상의 악한 영과 교통하여 일으킬 수 있는 종류의 현상들이다. 다만 하나님은 그들의 강퍅함을 통해 세상을 심판할 도구로 사용하시고 있다는 것을 알 수 있다.

우리가 기억해야 하는 것은 이러한 세상의 세력들도 결국 하나님이 움직이시는 네 생물들의 명령에 의해 나타난다는 것이다. 여기서도 우리는 세상의 권세가 결코 하나님의 권세를 능가할 수 없다는 것을 확인할 수 있다.

이들이 땅에서 활동하는 바로와 같은 세력이라는 것을 추측할 수 있는 유력한 또 다른 증거는 마지막 때의 성도들이 반드시 강력한 집권 세력 아래 엄청난 핍박과 고난을 받게 된다는 점이다. 이스라엘인들의 입(入) 애굽 이후 바로의 세력 아래 고통을 당했던 것이나, 초기 그리스도인들이 로마 황제들의 압제 아래 300년의 고초를 당해왔던 것처럼 마지막 성도들도 그들의 권세를 깨뜨리는 강력한 세력 아래에 잠시동안 어려움을 겪게 될 것이다.

그러므로 네 말들과 그 탄 자들은 이러한 집권 세력들의 강한 권세를 포함하고 있어야 한다. 이러한 세력이 없는 하나님의 심판은 명분이 없기 때문이다.

네 번의 인봉 해제 후 다섯 번째는 이 심판이 무엇 때문에 일어나는지를 보여준다. 앞서 강조한 바와 같이 땅에서 매면 하늘에서도 매이고 땅에서 풀면 하늘에서도 풀린다는 원칙은 세상이 끝날 때까지 지속될 것이다.

예수님이 이 원칙을 제시하신 이유는 땅의 것이 반드시 하늘에 영향을 미칠 것을 말씀하시기 위함이다. 다른 말로 땅에서 하는 기도는 반드시 하나님 앞에 응답이 될 것을 의미하셨다.

그러나 무엇보다 이 응답이 있기 전에 땅에서 걸림이 되는 성도의 죄악은 하늘에서도 걸림돌이 되리라는 것을 전제로 하신다. 마 18:18절의 말씀 후에 베드로는 예수님께 형제가 자신에게 죄를 범하면 몇 번이나 용서해 주어야 하느냐고 묻는다. 예수님은 자신의 죄를 탕감받은 것을 생각하여 다른 형제들이 자신에게 범한 죄를 몇 번이고 용서해 주어야 한다는 것을 말씀하신다.

'너희가 각각 마음으로 형제를 용서하지 아니하면 나의 하늘 아버지께서도 너희에게 이와 같이 하시리라'고 말씀하시면서 우리의 탄원이 하나님 앞에 걸림돌이 되지 않기 위해서는 우리 안에 있는 모든 묶임과 죄악이 십자가 앞에서 해결되어야만 한다는 것을 알 수 있다.

이곳에 등장하는 다섯 번째 인봉 해제 후 나오는 자들은 하나님의 말씀과 증거 때문에 죽음을 맞이한 사람들이다. 이는 그들이 예수님 때문에 죽기까지 고난 받기를 선택했음을 보여준다. 이것은 또한 세상이 그들을 핍박했음을 의미하기도 한다.

그러나 그들은 세상에서 살았을 때 그들을 핍박하고 죽였던 자들에게 보복하지 않았다. 인내로서 견디며 예수님의 의로 참은 사람들이다. 그들이 살아 있을 때 그들의 억울함을 되갚은 것이 아니라 모든 심판을 하나님 앞에 맡긴 것이다.

만약 그들이 자신의 감정과 분노에 못 이겨 세상에 살아있을 때 분풀이를 했더라면 하나님은 결코 그들의 탄원을 받아들이시지 않았을 것이다. 더 나아가 그들을 하나님의 나라로 들이지도 못했을 것이다.

여기서 우리가 정확히 알아야 할 진리가 있다. 우리는 죄인을 용서하는 것이지 그 죄를 용서하는 것이 아니라는 사실이다. 하나님이 미워하시는 죄악은 반드시 소멸돼야 한다. 하나님이 얼마나 죄를 미워하시는지는 제물을 제단에 드리는 과정을 보면 알 수 있다.

양의 살갗을 벗기고 피를 흘리고 불에 태워야 할 만큼 하나님은 죄에 대한 분노를 가지고 계신다. 예수님은 십자가라는 끔찍한 형틀에서 죄의 대속물이 되셔서 양이 제단에 바쳐진 것처럼 죽음을 입으셨다. 가장 잔인하고 혹독한 방법으로 죄를 짊어지시고 죽음을 맞이하신 것이다.

우리는 죄를 미워해야 한다. 죄의 행위에 대해 미워하고 대적하며 싸워야 한다. 여기 나오는 성도들의 기도와 탄원은 죄에 대한 하나님의 분노로 드리는 것이리라 믿는다.

비느하스와 같은 마음, 에베소 교회 사자가 가졌던 니골라 당을 미워하는 마음과 같은 것이 바로 지금 다섯째 인봉 해제 때 등장하는 성도들의 탄원이라고 할 수 있을 것이다.

하나님의 심판은 반드시 이러한 마음을 가진 성도들의 기도와 탄원을 통해 일어난다. 애굽인들의 심판이 이스라엘 백성들의 부르짖음과 신음소리로 인해 일어난 것과 같은 이치지만 다섯째 인봉 후에 나오는 성도들의 탄원은 단순한 억울함에서 나오는 것이 아니다. 이는 죽기까지 복종하신 예수 그리스도의 마음을 가진 완전한 자들의 탄원이라고 할 수 있다.

예수님은 그들에게 이제 조금만 더 기다리면 다 끝날 테지만 아직 그 수가 채워지지 않았다고 말씀하신다.

이 말씀은 마지막 때가 다가왔지만 아직은 끝이 아니라고 하시던 예수님의 공생에 기간의 말씀과 비슷하다. 마지막 때가 올 것이지만 우리가 쉬 동요되어서는 안 된다는 것을 알려주고 있다. 우리는 다만 기도하고 간구하며 인내해야 한다는 것을 보여준다.

또한, 이 장면은 위에서 언급한 네 마리의 말 탄 자들의 등장으로 인해 많은 성도들이 죽임을 당할 것임을 보여주는 장면이기도 하다. 그들의 인내가 심판의 정당성을 부여해주고 있다는 것을 알려주는 구절이다.

하나님이 말씀하신 원칙은 성도들의 기도에 있어 필수적인 요소다. 그들의 욕망과 분노로 행하지 않는 것이 곧 하나님이 심판하실 수 있도록 만들어 주시는 과정이자 원칙이라는 것을 보여주시는 것이다.

우리는 이 구절을 통해 사단은 끝까지 성도들의 욕심과 분노를 이용해 스스로 죄 짓도록 미혹할 것을 알 수 있다. 오직 예수, 오직 복음으로 살다가 스데반처럼 우리를 죽인 자들을 위해서 기도할 수 있는 담대함으로 사는 것이 곧 이기는 방법이며 하나님의 심판의 방법이라는 것을 보여주고 있다.

구 세상의 무너짐

여섯째 인봉을 예수님이 떼셨을 때 일어나는 일들은 매우 놀랍고 무섭다. 이 일이 어떤 과정을 통해 일어나는지 알 수는 없으나(계시록 후반부에서 다룰 것이다) 결국 세상을 구성하고 있던 모든 자연과 세상의 축이 흔들리고 있음을 보여주고 있다.

하나님의 심판의 방법 중 하나는 그가 창조하신 세상을 흔드신다는 것이다. 그래야만 새로운 세상을 건설할 수 있기 때문이다.

우리가 알아둬야 할 것이 있다. 이 세상은 하나님의 것이다. 하나님이 창조하셨고 모든 세계와 피조물들은 다 하나님의 소유물이다. 이것들을 어찌하신다고 해서 우리는 그분에게 왜 이렇게 마음대로 하시냐고 물을 수 없다. 그가 그분의 것을 쓰레기통에 넣든 그가 보존하든 우리는 상관할 수 있는 처지가 아니다.

우리도 하나님의 피조물들이다. 하나님이 우리를 지옥에 다 넣으신다 해도 우리는 할 말이 없다. 그의 의도대로 그는 우리뿐 아니라 모든 세상을 마음대로 하실 수 있다.

그러나 하나님은 그의 긍휼과 사랑으로 세상을 기다리시고 우리들의 반역과 죄악과 끔찍한 생각과 사상들을 참아 인내하신다. 우리는 그분의 참으심이 얼마나 힘들고 아픈 인고를 지나는 것인지 기억해야 한다. 그의 능력으로 모든 것을 단번에 무너뜨리실 수 있음에도 그는 자기의 능력으로 우리를 기다리신다.

그럼에도 때는 올 것이다. 하나님의 때, 전능한 그의 날이 오면 세상을 구성하고 있던 것들은 사라지게 될 것이다. 그때 세상을 쥐고 흔들고 있다고 생각했던 어리석은 인생들은 자신들이 아무것도 할 수 없다는 것을 깨닫게 될 것이다.

에덴동산에서 죄를 범한 후 하나님의 낯을 피해 숨었던 아담과 하와처럼 그때 사람들은 하나님의 심판 앞에서 두려움과 무서움으로 숨게 될 것이다.

하나님의 심판은 하나님의 전능하신 능력으로 구 세상을 무너뜨리고 새로운 세상을 건설하시는 과정을 통해 이뤄진다. 7인봉 중 여섯 번째 인봉은 이러한 심판의 방법을 보여주고 있다. 하나님은 세우시기도 하지만 무너지게도 하신다.

수많은 제국은 일어나 큰 세력을 과시 하다가도 그들의 죄악과 범죄와 사치, 음란으로 멸망했다. 그때를 정하시는 분은 하나님이시다. 다니엘서에 나왔던 것처럼 하나님은 제국들의 왕의 행위를 달아보시며 판단하시고 그 제국과 나라를 누구에게 주실지를 결정하신다.

그러나 지금 여섯째 인봉이 보여주려는 세상의 멸망은 역사 속에서 세워지고 사라졌던 제국들의 멸망과는 차원이 다르다. 제국의 왕들은 사람들로 하여금 자신을 신으로 부르게 하고 그들 위에 군림하려 했다.

때가 되어 멸망의 짐승이 나타나면 이렇게 반복되었던 정치적 행보는 그를 중심으로 언젠가 모든 나라와 모든 민족으로 번질 것이다.

단 한 나라도 빼놓지 않고 모든 세상은 한 세력을 중심으로 하나의 국가와 같은 형태를 띠게 될 것이다. 그 위에 군림할 멸망의 짐승은 그 어떤 제국들의 황제들보다 강력한 권력을 갖기 위해 세상위에 자신을 높여 큰 말로 사람들을 속이게 될 것이다.

지금 이 세상에서 미디어와 소통하지 않는 사람들은 거의 없다. 추측하건대 미디어는 거짓말 곧 큰 말을 할 수 있는 그의 입이 될 것이다.

멸망의 짐승과 그를 세우는 무리들은 이 입과 더불어 그들이 잡고 있는 모든 권력과 경제적인 부, 도구들을 통해 세상을 속이려고 할 것이다.

이러한 일은 그 어느 때보다 치밀하고 수월하게 이뤄질 수 있다. 세상의 거의 모든 이들이 누군가의 기사와 말을 검색하고 보고 들을 수 있는 도구들을 가지고 있고, 이제 이 도구가 없이는 살수 없는 세상이 되어가고 있기 때문이다.

사람들은 반드시 그에게 속게되고 그의 거짓말로 인해 사람들은 하나님을 대적하는 데 동참할 것이다. 마지막에 오실 예수 그리스도와 전쟁하게 될 멸망의 짐승의 계획에 동참하게 될 것이다.

성도들은 그러한 거짓말의 계획을 가진 세상을 진리로 대적하고 세상에 진실을 외쳐야 한다. 그 때문에 수많은 순교자들이 탄생할 것이다. 이러한 피가 다섯 번째 인봉의 탄원하는 사람들 속에 있으리라 짐작된다.

그렇게 성도들을 죽였던 자들이 여섯째 인봉의 재앙에서 이 모든 재앙이 '어린양의 진노'라는 것을 고백할 수 있었던 것은 성도들의 죽음이 그들에게 진짜 세상을 주관하시는 분이 누구인지를 알렸기 때문이다.

일곱 나팔들

일곱 번째 인봉이 해제되면 일곱 나팔이 울릴 것이다. 대략 살펴보면 그 나팔들이 울리고 난 후에 일어날 일들은 세상이 무너지는 단계들을 보여주고 있는 듯하다. 계시록은 옛 세상은 반드시 멸망하고 그 뒤에 새로운 하나님의 나라가 도래한다는 것을 보여준다.

옛 언약이 가고 새 언약이 온 것과 같이 구 세상은 가고 새로운 세상이 올 것이다. 하나님은 반드시 구 세상의 모든 이들에게 기회를 허락하신다. 하나님을 선택할 기회, 믿음으로 의를 얻을 기회를 주신다.

뒤에 가서 설명할 테지만 여기서 나팔을 받는 천사들은 우리가 생각하는 하나님의 부리시는 사역자들과 같은 천사가 아닐 거라 추측한다. 그들은 세상에 거하는 하나님의 종들이라고 여겨진다.

나팔은 음악에 사용되는 악기이기도 하지만 전쟁이 일어나는 것을 미리 보고 경고하는 도구이기도 하다. 이 때문에 하나님은 선지자들을 나팔수라고 말씀하시기도 하신다. 여기서의 나팔은 하나님의 말씀을 전하는 선지자들의 경고의 도구로 나타난다.

계시록에서 계속 강조되는 하나님의 영이신 성령님은 때로는 대언의 영 혹은 예언의 영이라고도 불린다(계 19:10). 이는 하나님의 말씀을 대언하고 또 앞의 일들을 예언하는 선지자들 안에서 역사하셨던 성령의 역할을 강조한 말이다.

이것은 선지자들 안에서 나팔을 통해 경고가 울릴 수 있었던 가장 중요한 원동력이다.

성령이 없이는 하나님의 뜻을 전할 수 없고 성령이 없이는 하나님의 나팔도 울릴 수가 없다. 선지자들이 선지자로 활동할 수 있었던 것은 그들 안에 성령이 함께하셔서 하나님의 뜻을 전하게 하셨기 때문이다.

일곱 나팔을 부는 천사들이 사람들일 수밖에 없는 이유가 여기에 있다. 그들이 하나님의 일들을 말하고 예언하고 경고할 수 있는 것은 예수 그리스도의 이름으로 오신 성령이 그들 안에 역사하시기 때문이다.

경고는 어디까지나 알아들을 만한 사인과 신호로 이뤄져야만 한다. 그래야만 사람들이 알아듣고 피할 수 있기 때문이다. 따라서 천사들은 하나님의 종들, 하나님의 사람들, 교회일 가능성이 크다.

성경의 역사를 통해 볼 수 있는 것과 같이 하나님이 세상을 심판하시는 방법 중 가장 요긴한 방법은 그의 종들을 통해 그의 말씀을 대언하게 하시고 그 일이 실제 이뤄지게 하는 데 있다.

하나님이 들어 쓰신 모든 선지자들이 그러한 쓰임으로 세상에 나와 그 역할을 감당했고 항상 핍박당하다가 순교 당했다.

일곱 인봉이 떼어지는 것은 심판과 구원의 사건들의 도화선이라고 할 수 있다. 사건 자체를 보여주기보다는 사건의 원인, 방법에 관하여 보여주는 장면이 일곱 인봉 해제 장면이라고 할 수 있을 것이다.

우리가 여기서 인지해야 할 중요한 개념은 인봉이 차례차례 순서대로 떼어지기는 하지만 이것들은 어느 때에 일어날지 알 수 없다는 점이다.

멸망의 짐승이 나타나고 전쟁이 일어나는 일들, 기근과 죽음과 사망이 온 세상에 나타나는 일들은 하나님의 사람들이 경고하는 나팔과 함께 일어나게 되리라는 것이 나의 추측이다. 그 과정에서 수많은 하나님의 종들이 목숨을 잃고, 혹은 배교하기도 하고 그 피가 땅에 뿌려지게 될 것이다.

하늘에서 일곱 인봉 해제가 순차적으로 떼어진다고 해도 땅에서는 동시다발적으로 일어날 수도 있다. 왜냐하면 인봉을 떼는 곳은 영원이라는 시간이 지배하는 천상이기 때문이다.

그곳은 미래와 과거와 현재를 한꺼번에 볼 수 있는 곳이다. 따라서 요한이 보는 시선에서 예수님이 그 인들을 차례로 떼었다고 해도 그것은 땅에서 하나님의 시간과 때에 맞춰 일어나게 될 것이다.

한 가지 확실한 것은 그때와 시를 우리는 알지 못한다는 점이다. 이것은 전적으로 교회를 위한 하나님의 배려라고 할 수 있다. 그것을 모르고 싸움에 임해야만 오직 하나님만 의지하여 끝날까지 승리할 수 있기 때문이다.

중요한 것은 그때와 시가 언제냐가 아니다. 그 일이 일어난다는 것이 중요하다. 하나님은 교회가 이 시간 동안에 두려움에 떨며 숨어서 주님의 오실 때를 기다리라고 말씀하시지 않는다.

나팔을 부는 천사들을 우리에게 보여주신 것은 오래전의 선지자들과 같이 담대히 하나님의 말씀과 증거를 가지고 선포해야 하기 때문이다.

이러한 일을 해야 하는데 있어 우리에게 필요한 것은 믿음이다. 그 믿음을 따라 행하는 충성이 있어야 한다. 땅에서 일어나는 일들이 무섭고 두렵지만 우리는 결과적으로 하나님이 이기신다는 것을 믿어야 한다.

심판의 주체가 하나님이시기 때문이다. 다시 말하지만, 마지막 때의 성도들의 사명은 우리가 생각한 것보다 훨씬 많은 것을 감당해야 할 수도 있다.

그만큼 앞으로 다가올 시험의 때는 어렵고 힘든 시기가 될테지만 이것은 마지막 성도에게 주어진 피할 수 없는 사명이다.

모든 것을 이기신 예수 그리스도를 통해 심판은 열렸다. 그의 인봉들은 떼어졌고 심판은 시작될 것이다. 세상은 엄청난 환란을 맞이하고 성도들은 방주 속 노아 가족들처럼 구원을 얻을 뿐 아니라 하나님의 나팔수로서 담대히 살아가야 할 것이다.

하나님의 심판의 방법을 미리 아는 것은 마치 선지자들이 미리 하나님의 말씀을 통해 앞일을 보는 것과 같다. 마지막 때의 성도들은 어쩌면 선지자들이 감당해야 했던 것과 비슷한 사명을 가지고 살아가야 할지도 모른다. 이 일이 어렵게 느껴질 지도 모른다. 그러나 언제나 그래왔던 것처럼 하나님은 우리를 승리로 이끄실 것이다.

마지막을 향해 가고 있는 지금, 세상에서 살아가는 우리 모두가 이 사명에 눈을 떠 담대하게 믿음으로 나아가길 기도하는 바다.

2장

네 마리의
말(horse)들

성경의 말(horse)들

일곱 개의 인들 중 첫 네 개의 인들은 공통점이 있다. 네 생물들의 명령이 있다는 점, 그 명령 뒤에 말들과 말 탄 자들이 등장한다는 점이다.

이러한 환상들에 어떠한 의미가 있는지 알기 위해서는 성경에서 나타나는 말들이 어떠한 의미로 사용되었는지를 살펴보아야 한다. 그래야만 이곳에 나타난 사건들이 어떤 의미를 지니는지 추측할 수 있기 때문이다.

성경에서 말(horse)은 전쟁의 도구(삼 20:1, 삼상 13:5, 열상 20:1), 방백들(삿 5:22, 삼하 15:1, 삼상 8:11, 열상 1:5, 렘 17:25), 국력(열상 9:22, 10:25~29, 열하 6:14~17), 세상의 구원(호 14:3, 1:7), 정욕(렘 5:8, 8:6), 징벌의 도구(합 1:8, 렘 14:3, 29, 6:23, 46:4, 47:3, 50:37, 51:21, 27)등을 나타낸다.

이곳 6장에 등장하는 말들과 연관된 의미는 위의 경우들 중 '전쟁의 도구나 높은 위치의 사람, 징벌의 도구, 세력, 정욕'과 같은 것들이다. 그들의 등장으로 인한 결과가 전쟁과 사망에 있기 때문이다.

슥 1:7~10절에도 네 마리의 말들이 등장한다. 이곳에서는 '밤'에, '화석류 나무 사이'에 선 '사람'이 있고 그는 붉은 말을 타고 있다. 그 뒤로 자줏빛 말, 흰 말이 나타난다. 이곳에서는 계시록과 다르게 세 종류의 말들이 등장한다.

또 스가랴 6장에는 말이 끌고 가는 네 병거가 나타나는데 첫째 병거에는 붉은 말들이, 둘째 병거에는 검은 말들, 셋째 병거에는 흰 말들, 넷째 병거에는 어룽지고 건장한 말들이 등장하고 있다.

스가랴서는 느헤미야 성전 건축과 관련하여 성전 건축을 독려하게 하시려는 하나님의 의도와 목적으로 기록된 예언서다.

당시 바벨론에서 포로로 살다가 70년 만에 귀환한 이스라엘인들은 자신들의 집과 밭을 일구기 위해 성전을 다시 짓는 것에 소홀했었다. 그 기간이 오래 갔고 하나님은 학개나 스가랴 선지자들을 통해 성전 짓기를 지체하지 말라고 촉구하신다.

느헤미야의 성전은 다만 솔로몬 성전의 영광을 회복하기 위한 목적 뿐 아니라 옛 언약을 폐하고 새 언약을 주시겠다는 하나님의 약속에 대한 표본이자 상징이었다.

하나님의 성전이 이제 예수 그리스도라는 새로운 언약의 중보자를 통해 성도 자신이 될 것이라는 놀라운 약속을 보여주는 작업이었기 때문에 하나님은 이스라엘 백성에게 성전 짓기를 명령하신 것이다.

이 과정에서 하나님은 스가랴를 통해 교회가 어떠한 모습이었고 앞으로 어떻게 변화될지를 보여주시기 위해 여러 가지 환상을 계시하신다. 이에 관련된 환상 속의 말들은 이러한 하나님의 의도를 보여주기 위한 상징들이다. 따라서 계시록에서 나타나는 말들과 스가랴서의 말들은 의미하는 바가 다르다.

비록 이 말들의 의미가 계시록과는 다르지만 나는 이에 대하여 자세히 살펴보고자 한다. 성도로 살아가는 데 있어 우리 스스로가 하나님의 성전이라는 것을 아는 것은 매우 중요하다.

성경에서 하나님이 환상을 통해 말씀하시는 성전이 어떠한 의미인지를 아는 것, 교회의 역사를 아는 것은 예수 그리스도를 아는 것과 직결되어 있기 때문이다.

이러한 진리는 마지막 때를 살아가는 성도들에게 매우 중요하다. 성도가 속한 교회가 어떤 역할을 하고 어떤 모습인지를 아는 것은 마지막 때에 교회를 대적하고 미혹하는 사단의 세력과 싸우는 무기이자 힘이 될 것이다.

스가랴 1장에 나온 말들부터 보자. 스가랴는 자신이 이 말들에 대한 환상을 '언제' 보았는지 기록한다. 그때는 다리오 왕 제 이년 열한째 달 24일이었다. 또 그 환상의 배경은 '밤'이다.

한 사람이 보였고 그 사람은 붉은 말을 타고 있었는데 그 말은 화석류 나무 사이에 서 있었다. 그 뒤로 자줏빛 말과 백마 두 마리가 서 있다. 스가랴는 환상을 보는 중에 붉은 말을 탄 사람이 여호와의 천사라고 기록한다.

스가랴에게 말하는 또 다른 천사가 그에게 이 환상이 무엇을 의미하는지 보여주리라고 말하자 붉은 말에 앉아있던 여호와의 천사가 그에게 말한다.

'이 말들은 땅에 두루 다니라고 하나님이 보낸 자들이다'라고 정의한다. 그 말들은 여호와의 천사에게 '우리가 땅에 두루 다녀보니 온 땅이 평안하고 조용하더라'고 말한다.

그 천사는 '여호와께서 언제까지 예루살렘과 유다 성읍들을 불쌍히 여기지 않을 것이냐'고 질문하며 주님이 노하신 지가 70년이 되었다고 묻는다. 그러자 하나님은 스가랴에게 말하는 천사에게 선한 말씀과 위로하는 말씀으로 대답하셨다고 기록되어 있다.

그 천사는 곧바로 스가랴에게 '너는 외쳐 말하기를 만군의 여호와의 말씀에 예루살렘이 비록 여러 나라에 의해 고난을 받았으나 이제 하나님의 집이 건축될 것이다'라고 전하라고 말한다.

이 대략의 내용을 볼 때 하나님이 스가랴에게 이 환상을 보여주신 목적은 언뜻 보아도 하나님의 성전을 건축하게 하시는 데 있다는 것을 알 수 있다. 징계로 인해 다 무너졌던 성전을 다시 건축하시리라는 약속을 믿고 행하라는 촉구이자 명령이자 확신이다.

성전 건축은 화석류 나무 사이에 선 천사의 간구와 탄원으로 인해 일어난다는 것을 알 수 있다. 그 천사의 간구와 기도가 하나님의 마음을 움직였고 그로 인해 성전이 건축된다는 것이다. 따라서 이 환상 속에 나타나는 말들은 반드시 성전 건축과 연관되어 해석되어야 한다.

이 말들의 위치를 보자. 그들은 '밤'에 있다. 또한, 그들은 '화석류 나무'라는 나무들 사이에 서있다. 화석류 나무는 느 8:15절에서 느헤미야가 초막절을 기념하기 위해 지붕을 덮는 나무들 중 하나로 사용되고 있다. 또한, 사 55:13절에 하나님의 새로운 언약을 받은 자들이 어떠한 모습으로 나아오는지를 보여주는 상징으로 화석류 나무가 나타난다.

이로 볼 때 화석류 나무는 하나님의 성막을 상징할 가능성이 높다. 초막은 광야에서 이스라엘 백성들이 40년을 돌아다닐 때 거주했던 곳이다. 그곳에 성막이 있었고 거기에 하나님의 임재가 있었다.

초막절을 지키는 이유는 광야에서 그들이 떠돌며 하나님의 임재를 경험했던 것을 기억하게 하기 위함이다.

사 55장은 새로운 언약에 대한 약속을 나타내는 장이다. 그 약속으로 인해 이제 교회의 성전은 눈에 보이는 건물이 아니라 우리 자신의 육신이 성전이 될 수 있음을 보여준다.

성막과 육신의 장막의 공통점은 여기저기를 옮겨 다닐 수 있다는 점이다. 화석류 나무는 이와 같이 이동성이 있는 하나님의 임재의 장소를 상징하는 것 같다.

슥 1:10절에서도 이들이 땅에 두루 다니는 명을 받았다는 것을 볼 때 화석류 나무 사이에 선 말들과 그 위에 앉은 사람은 분명 '성막'(holy tent)과 연관이 있는 것으로 보인다.

그렇다면 여호와의 천사가 탄 붉은 말과 자줏빛 말, 백마는 성막과 어떤 연관이 있는 것일까. 이는 성막의 구조와 연관하여 생각하면 쉽게 이해할 수 있다.

성막을 덮는 덮개는 총 네 개다. 제일 첫 번째로 덮는 덮개는 청색 자색 홍색실로 만든 휘장이다.

그다음이 흰 염소 털로 만든 덮개고 그다음이 붉은 물을 들인 숫양 가죽이다. 그다음이 해달 가죽 즉, 흑색 가죽으로 마지막에 성막을 덮는다.

이를 스가랴서에 나오는 환상과 연관 지어 보자면, 붉은 말은 붉은 물들인 숫양 가죽을, 흰 말은 흰 염소 털로 만든 덮개를, 자줏빛 말은 청색 자색 홍색 실로 만든(모든 색을 합치면 자줏빛이 된다) 덮개를, 해달 가죽은 말들이 서 있는 '밤'을 의미한다고 보면 될 것이다. 여호와의 천사는 그 성막 안에 임재하시는 하나님 곧 예수님을 의미한다.

여기서 이들이 색을 입은 '말들'로 등장하는 이유는 교회가 영적인 싸움을 하고 있기 때문이다. 성막은 영적 전쟁에 임하고 있는 교회가 어떠한 모습인지를 구체적으로 보여주는 밑그림과 같다.

육신의 장막을 입은 우리들은 성막이 그려주는 밑그림이 알려주는 것처럼 성소와 지성소를 우리 안에 마련하시는 성령이 계시는 성막 안에서 전쟁에 임하게 된다. 이것이 성막을 상징하는 환상이 말들인 이유다. 그 안에 계신 여호와의 천사는 그 성막에 계셔서 우리로 하여금 죄와 싸우게 하시고 세상의 영들과 싸우게 하신다.

그런데 여기서 그 말들이 땅을 두루 다녀보고 와서 여호와의 천사에게 '온 땅이 평안하고 조용하더라'고 보고한다. 이 말은 아마도 당시 전쟁이 그친 상태를 나타내는 것이 아닐까 한다.

사사기에서 사사들이 나타나 이방 민족을 물리친 후 '한동안 전쟁이 그쳤다'고 표현할 때 쓰는 단어와 같은 단어를 여기서도 쓰는데 이는 한

동안 바벨론의 억압에 눌려있던 이스라엘이 자유롭게 되어 고국에 돌아온 상태를 표현한 것이리라 추측된다.

그들의 보고가 당시 스가랴 선지자 시대의 정황을 나타내고 있다는 근거는 이 구절 후에 나오는 하나님의 약속의 말씀에 있다. '내가 불쌍히 여기므로 예루살렘에 돌아왔은즉 내 집이 그 가운데 건축되리라'는 말은 그 당시 예루살렘에 거하고 있던 이스라엘 백성들의 상태를 그대로 보여준다.

이스라엘 사람들은 바벨론에 있었던 70년의 세월을 통해 그들의 죄악을 철저하게 회개하고 주님께 돌아온 상태였다.

에스라 학자가 포로에서 귀환한 이스라엘 백성들에게 율법을 선포했을 때 그들은 자신들의 죄를 인지하고 회개했으며 하나님의 율법을 지키기로 결단했었다.

이러한 이스라엘 백성들의 내면적 변화는 '전쟁이 그쳤다'는 표현이 다만 역사적 사건으로 유대 민족의 해방을 묘사하기 위한 것만이 아니라 이스라엘 백성들 안에 있던 죄악과의 싸움도 그쳤다는 의미로 나타난 것이리라 생각된다.

하나님이 그들과 함께하시는 표징은 그들이 스스로 죄악과 싸우고 율법을 지키는 믿음에 있음을 깨달은 것이다.

이스라엘이라는 세상에 단 하나밖에 없었던 교회 안에 머물고 계시던 하나님의 영은 이스라엘의 범죄 때문에 치열하게 싸우셨다. 그러나 그들로 하여금 고난을 지나게 하시고 그로 인해 죄를 깨닫게 하시고 주님께 돌아오게 하셨다.

그것으로 하나님의 영은 이스라엘 안에 거룩함으로 임하실 수 있었고 이를 통해 이스라엘을 평안케 하셨다. 이러한 평안만이 새로운 성전, 새 부대를 세울 수 있는 기반이기 때문이었다.

다윗의 시대가 있었기에 솔로몬의 시대가 올 수 있었다. 솔로몬 시대의 평안이 있었기 때문에 성전 건축이 가능했다. 성령의 임재는 하나님의 평강이 임할 때 가능하다. 모든 악과 불의함을 예수 그리스도의 의로 사라지게 한 후 깨끗하게 정화된 그릇이 있어야만 가능하다. 하나님의 평강은 오로지 죄가 사라진 화평에서 비롯되기 때문이다.

성령의 임재도, 성도가 온전한 하나님의 성전이 되는 것도 하나님의 평강이 그 안에 임하는 일이 있어야만 가능하다.

스가랴서에서 말하는 땅이란 당시의 땅을 의미하기도 하지만 성도 자체를 뜻하기도 한다. 성경에서도 땅은 곧 우리 자신을 의미한다는 것을 여러 번 보여준다. 예수님은 우리 안에 심긴 말씀을 흙에 심긴 씨앗으로 비유하기도 하셨다.

말씀이 심긴 흙이 좋은 흙일 때 좋은 열매를 맺는다는 것은 우리가 곧 영적으로 좋은 땅이 되어야만 성령의 열매를 맺는다는 것을 의미한다.

따라서 스가랴서에 나온 땅의 평온함은 바벨론의 포로 귀환 이후의 땅의 상태를 의미하는 것이기도 하지만 그들에게 주어진 고난으로 깨끗해진 이스라엘인들의 영혼의 상태를 뜻하는 것이 아닌가 한다.

이러한 스가랴서의 환상에 나오는 말들의 상징은 사실 이곳 계시록에서 언급하고 있는 말들의 상징과는 거의 상관이 없다.

다만 알아두어야 할 것은 이러한 고난 뒤에 나타나는 새로운 성전의 출현이 당시에만 있는 게 아니라는 점이다.

지금의 성도들은 새로운 국면을 맞이하고 있다. 구약이 그려내고 있는 미래에 대한 밑그림들은 이제 진짜 그 실체로 다가오고 있다. 우리는 그것을 정말로 보게 되는 중요한 성도들이다. 하나님이 약속하신 영원한 새로운 성전, 새로운 장막은 계시록에서 보여주는 엄청난 환란과 고난의 때를 지나야만 볼 수 있을 것이다.

온 땅이 완전히 평온해지는 그때는 세상의 영들과 우리 안에 끊임없이 침투하여 욕심에 넘어가게 하려는 사단의 미혹에 맞서 싸우고 하나님을 택하는 우리의 믿음이 굳건해진 이후가 될 것이다.

네 병거

스가랴 6장에는 또 다른 말들의 환상이 등장한다. 환상 속에서 스가랴는 네 개의 병거가- 말이 이끄는 마차, 전쟁에 사용되는 마차 - 두 산 사이에서 나오는 것을 보게 된다.

그 산은 구리 산 즉, 놋(bronze)산들이라고 스가랴는 기록한다. 병거들에 달린 말들은 총 다섯 종류인데, 첫째는 붉은 말들이, 둘째는 검은 말들, 셋째는 흰말들이, 넷째는 어룽진 말들이 다섯째는 건장한 말들이 메어있다.

넷째와 다섯째는 네 번째 마차에 같이 묶여 있다. 스가랴는 그에게 말하는 천사에게 이것들이 무엇이냐고 묻자 답하기를 하늘에 네 바람인데 온 세상의 주 앞에 서 있다가 나가는 것이라고 말한다.

그리고 천사는 그 말들이 나가는 방향을 가르쳐준다. 검은 말은 북쪽 땅으로 나가고 흰 말은 그 뒤를 따르고 어룽진 말은 남쪽 땅으로, 건장한 말은 나가서 땅에 두루 다니고자 한다고 말한다.

그러자 그 천사는 말들에게 명령하기를 여기서 나가서 땅에 두루 다니라고 말하자 그들이 땅에 두루 다녔다고 나온다. 그 천사는 북쪽으로 나간 자들이 북쪽에서 내 영을 쉬게 했다고 외쳐 말한다. 두 번째 말의 환상은 여기서 그친다.

결론부터 말하자면 이 환상들은 여전히 하나님의 성전 건축을 독려하기 위한 목적을 가진다. 또한, 당시 느헤미야 성전 건축에 대한 독려뿐 아니라 앞으로 다가올 육신의 성전에 대한 약속도 여기에 포함되어 있다.

우선 네 개의 병거라는 것은 이 병거들이 '세상', '땅'에 관련된 존재들이라는 것을 보여준다. 계속 이 상징에 대해 말하지만 넷은 네 개의 방향을 가진 지구, 땅을 의미하고 있다. 또한, 이곳에 등장하는 병거는 전쟁을 위한 용도로 만들어진 마차다. 병거에 달린 말들은 전쟁하는 교회의 존재를 상징적으로 보여주고 있는 것 같다.

천사는 이들의 실체를 정확하게 말해주고 있는데 그들은 '하늘의 주 앞에 모셔 섰던 자들'이라고 정의한다. 즉, 그들은 땅의 전쟁을 위해 존재하되 하나님을 섬기는 존재들이라는 것을 명확하게 보여주고 있다.

병거들이 나오는 곳은 두 개의 산 사이다. 그 두 산은 놋, 구리로 만든 산으로 환상 속에서 나타난 산들이다.

나는 이 산들을 이스라엘 백성들이 거했던 약속의 땅 가나안 땅으로 해석했다.

모세는 이스라엘 백성들에게 약속의 땅인 가나안 땅에 들어가면 두 개의 산(에발 산과 그리심 산)에서 저주와 축복의 말을 선포할 것을 명한다.(신 11:29) 또한 모세는 신 8:9절에서 '그 땅의 돌은 철이고 산에서는 동, 구리를 캘 것이다'라고 말한다.

만약 이 병거들과 말들을 통해 보여주고자 하는 목적이 성전 건축에 있다면 이 병거들이 나오고 있는 장소인 두 개의 산은 성전이 세워질 약속의 땅, 가나안 땅의 영역에서 추론되어야만 한다.

결국, 하나님의 성전 즉, 교회는 하나님의 약속의 땅에 거하게 되기 때문이다. 따라서 놋으로 된 두 개의 산은 이스라엘 백성들 가운데 있었던 교회가 거주했던 장소라고 해석하는 것이 가능하다고 본다.

또 다르게 두 개의 놋 산은 세상을 의미하기도 한다. 모세는 신명기에서 이스라엘 백성이 순종치 않는다면 그들의 하늘이 놋이 될 것임을 선포한다(신 28:23). 놋이 그들의 하늘이 된다는 것은 그들을 압제하는 세력이 그들의 하늘이 될 것이라는 뜻이다.

느부갓네살이 보았던 금 신상 중 세 번째 나라, 헬라가 구리 곧 놋으로 표현되었다. 이는 상징적으로 제국의 압제를 상징한다.

교회는 어쩔 수 없이 세상 속에서 살아갈 수밖에 없다. 세상은 언제나 교회를 미워하고 핍박한다. 하나님을 대적하고 미워하기 때문이다.

교회는 이러한 영적 전쟁에 항상 노출되어 있는 존재다. 여기서 보여준 두 개의 놋 산은 교회를 핍박하는 거대한 세력을 의미하는 것이 아닌가 한다. 또 이 산들이 두 개라는 것은 아마도 보이는 세계와 보이지 않는 세계를 의미하는 듯 하다.

교회는 보이는 곳에서도 세상과 싸우지만 보이지 않는 영적인 영역에서도 싸우는 존재이기 때문이다.

그렇다면 '붉은 말들이 달린 병거'는 무엇이라고 봐야 할까. 다른 네 종류의 말들과는 달리 이 말들이 달린 병거는 두 놋 산 사이에서 나오기만 했을 뿐 어디로 갔다는 언급이 없다. 이는 하늘의 군대 자체를 뜻하는 게 아닐까 한다.

야곱이 라반에게서 나와 다시 가나안 땅으로 가는 도중 그는 하나님의 군대를 만난다. 그는 그 군대를 만남으로 그 지역의 이름을 '마하나님'이라고 명명한다(창 32:2). 마하나임은 하나님의 군대라는 뜻이다. 스가랴가 본 병거는 하나님의 군대 자체를 의미하는 것이 아닌가 한다.

엘리야가 하늘로 승천할 당시 그가 타고 올라갔던 것은 불 말과 불 병거였다. 그들 또한 하나님의 군대임에 틀림없다. 그들은 화염에 둘러싸인 형태의 말과 병거이므로 붉은 색이라고 할 수 있을 것이다.

따라서 병거와 붉은 말의 의미를 더하면 아직 성막이나 성전이라는 형태가 잡히기 전의 교회의 상태를 의미한다고 본다. 이 형상은 성막 형성 전 야곱이 이스라엘로 발돋음 하려는 시점에 교회안에 임재하시는 성령의 존재 자체를 의미하는 것 같다는 추측을 해 본다.

그렇다면 두 놋 산에서 나와 북쪽으로 갔던 검은 말이 달린 병거는 말할 것도 없이 성막을 상징하는 말들이다. 성막은 해달의 검은 가죽으로 둘러싸인 장소다.

광야를 돌아다니고 솔로몬의 성전이 생기기 전까지 하나님의 언약과 하나님의 영은 거기 머물고 계셨다. 남쪽에 있던 애굽을 떠나 하나님의 땅은 교회와 함께 북쪽의 가나안 땅으로 진격했고 마침내 그 땅을 차지했다.

그 뒤를 따르는 백마는 성막 뒤에 생긴 솔로몬의 성전을 의미하는 것 같다. 솔로몬의 성전은 레바논의 백향목으로 만든 건물로서 레바논도 '흰색의'라는 뜻을 가지고 있다. 백향목 또한 흰색의 나무로 솔로몬의 성전 전체의 색이 흰색이라는 것을 알려준다.

검은 말 뒤에 나왔던 백마는 북방으로 간 검은 말의 뒤를 따른다고 기록되어 있다. 이는 성막 뒤에 만들어진 흰색의 솔로몬 성전을 의미한다고 본다.

그들이 나아간 북방에서 하나님의 영이 쉬었다(nuwach: 쉬다, 정착하다)고 나오는데 이는 전에 성막 안에 거하시며 교회와 함께 떠도시던 하나님의 영이 성전을 건설하시고 그 안에 거하게 되었다는 것을 의미하는 게 아닌가 한다.

마지막 병거에 묶인 어룽진 말과 건장한 말들은 다니는 곳들이 동일하지 않다. 어룽진 말들은 남편(south) 땅으로 나가고 있다고 되어 있고 건장한 말들은 나가서 땅에 두루 다니고자 한다고 기록되어 있다.

우선 어룽진 말의 '어룽진'에 사용된 히브리 단어가 다른 곳에서 사용된 예는 딱 한 곳밖에 없다. 창 31:10절에서 야곱이 라반과 협정을 할 때 희고 깨끗한 양들은 라반의 것이 되고 어룽진 양들은 자신의 것이 되게 하자고 약속한다. 그때 쓰는 히브리 단어를 여기서도 사용하고 있다.

이는 이스라엘 백성들을 나타나는 말이기도 하다. 이것은 두 가지를 의미한다고 보는데, 첫째는 야곱이 양들을 구분한 것처럼 하나님이 이스라엘 백성들을 구별하셨다는 것을 상징하는 것 같다. 이것은 이스라엘 백성이 하나님의 택하신 선민이라는 것을 보여주고 있다.

어룽지다의 또 다른 의미는 곧 얼룩덜룩한 상태에서 찾을 수 있다. 이것은 죄가 묻어 있는 상태, 온전하지 못한 영혼을 가진 양들을 의미하고 있는 것 같기도 하다.

당시 바벨론에서 해방을 받은 이스라엘 민족은 부정하다고 생각했던 이방인들과 섞여 살고 있었다. 이뿐 아니라 그들은 솔로몬 성전이 무너지기까지 하나님의 율법을 어기고 하나님의 거룩하심을 촉범한 죄인들이었다.

북방의 민족인 바벨론에 끌려간 그들은 다시 남하하여 유다 땅으로 돌아왔다. 어룽졌으나 하나님의 택하심은 사라지지 않았던 이스라엘 백성의 영적 상태를 스가랴를 통해 보여주시고자 하신 것 같다.

두 종류의 말들-어룽진 말, 건장한 말-은 또한 예수 그리스도를 통해 오신 성령의 전 곧, 예수님은 믿은 성도들의 육신이라고도 볼 수 있다. 예수님을 믿음으로 의를 얻은 성도들의 상태는 죄인이었다가 씻김을 받은 자들이다. 이 성도들 속에는 혈통적 유대인도 있었지만 이방인들도 있었다.

특히 이방인들은 이스라엘이라는 교회에 참여한 바 되었다. 그러나 이스라엘이 다 이스라엘이 아니었듯 성령의 전이 된 성도들 또한 택하신 자들과 아닌 자들로 나뉘게 된다.

따라서 두 종류의 말들 중 남쪽으로 간 말의 의미는 비록 하나님의 백성으로 부르심을 받았으나 또다시 세상으로(애굽) 가버린 성도들의 상태를 보여주는 듯하다.

이러한 성도들의 모습은 예수 그리스도의 복음을 듣고도 다시 세상으로 가 버린 힘 없는 성도들을 보여준다.

그 뒤로 나오는 땅에 두루 다니는 건장한 말들은 얼룩덜룩한 말들과 같은 시대를 살지만, 그와는 다르게 영적으로 강건하여 새롭게 된 성령의 사람들을 의미하는 것 같다.

예수 그리스도 이후 새롭게 생긴 성전 곧 육신의 성전을 가진 성령의 사람들은 한곳에 머물지 않고 하나님의 복음을 전하기 위해 땅끝까지 나아가고자 하는 의지를 지니고 있다.

이 성향은 스가랴서의 강건한 말이 두루 다니고자 하는 의지를 가진 성향과 맞아 떨어진다. 따라서 강건한 말들은 성령으로 온전케 된 예수님 이후의 육신의 성전을 뜻한다고 볼 수 있다.

이로 볼때 스가랴서의 붉은 말, 검은 말, 흰 말, 어룽진 말들은 하나님의 성전 변천사를 상징한다고 보아야 한다.

하나님의 군대를 뜻하는 마하나임부터 시작해 모세의 성막, 솔로몬의 성전 그리고 예수 그리스도를 통해 성령이 임하시는 육신 장막의 교회들까지 그리스도의 교회가 이 과정을 통해 완성 되어지는 것을 스가랴 선지자를 통해 미리 보여 주신 것이다.

교회는 가시적인 건물을 두고 정의되지 않는다. 다만 교회가 사람들에게 나타나 하나님의 존재를 알리기 위해서는 성막이나 성전과 같은 보이는 형태의 건물이 있어야만 했다. 앞서 설명한 바와 같이 처음에 나타난 붉은 말이 나타내는 교회의 상태는 아직 가시적인 형태가 아니었다.

야곱을 통해 교회라는 구체적인 그림이 그려지지 않았기 때문이다. 그들은 가족 단위에 불과했다. 따라서 붉은 말은 교회를 이끌어 나가시는 성령의 존재, 하나님의 영이신 그분 자체를 보여주는 그림이었다.

그 이후 야곱의 가족은 애굽으로 들어가 큰 민족을 이뤘다. 비로소 이스라엘이라는 혈통적인 민족과 나라가 생성됐던 것이다. 그들이 출애굽한 후 성막의 명령이 모세를 통해 내려왔고 하나님은 검은 천막에 거해 주셨다.

그들의 광야 생활이 끝나고 가나안 땅에 들어간 후 그들은 사사시대를 거쳐 왕정시대를 시작한다. 다윗에게 약속을 주시고 솔로몬 시대에 비로소 성전이 지어졌다. 그러나 이스라엘의 교만과 범죄로 그 성전이 무너지고 바벨론의 포로 시절을 거치고 나서야 느헤미야 성전이 건축되었다.

그들은 하나님의 택하심을 받은 선민이었으나 죄악과 불의로 얼룩지고 육으로는 이방 민족과 섞인 부정함으로 얼룩진 교회였다.

하나님은 그것을 고치시고자 바벨론의 포로 생활을 거쳐 세월을 지나 예언되었던 새 언약을 성취시켜 주심으로 예수 그리스도라는 완전한 교회를 우리 안에 허락하셨다.

건장한 말은 이러한 완전한 언약의 성취자이신 예수 그리스도의 영광을 가진 교회를 의미하는 것이 아닌가 한다.

교회가 세상에 있는 이유는 교회에 속한 자들로 하여금 하나님의 약속의 땅인 영원한 가나안으로 들어가게 하기 위함이다. 교회는 처음부터 땅에서 나온 존재들이 아니다. 영원한 나라에 원래부터 속해 있던 자들이다. 다만 이 땅에 있는 동안에 하나님의 약속과 언약을 성취시킴으로써 그의 교회에 속한 자들을 불러 모으는 사명을 감당할 뿐이다. 이것이 말들과 병거가 두 놋 산에서 나오고 있는 이유라고 말하고 싶다.

또한, 그들이 병거와 말들로 나타나는 것은 교회라는 세력이 세상의 세력과 맞서 싸우는 전쟁 중에 항상 거하기 때문이다. 이는 확실한 것이다.

역사 속 어느 시기에 있었던 교회라고 할지라도 영적인 싸움을 거치지 않는 교회는 없었다.

교회는 세상의 죄와 싸우고 악함을 대적한다. 왜냐면 세상의 죄와 악은 우리의 영혼을 파멸시켜 영원한 안식처로 들어가지 못하게 하기 위한 목적을 가지고 있기 때문이다.

아담의 범죄 이후로 교회는 항상 그 문제와 대면했고 싸워왔다. 교회는 이제 마지막 아담이신 예수 그리스도의 교회를 완성하기 위해 그 변천사를 겪었고 우리는 지금 그것을 목도하고 있는 중이다.

이제 그 마지막을 향해 우리는 달려가고 있다. 그분이 완성하실 영원한 안식처가 우리 코앞에 있다. 우리는 건장한 말들이어야 한다.

완전하신 그리스도의 충만한 은혜가 우리 안에 강건하게 머무르길 기도하고 소원해야 한다. 스가랴 6장에 나오는 말들 중 유일하게 의지를 가지고 행동하는 말들이 바로 건장한 말들이다.

그들은 나가서 땅에 두루 '다니고자' 한다고 성경은 기록하고 있다. 그들 안에 있는 능동적인 의지가 땅을 두루 다니게 하는 것이다. 바울의 1차, 2차, 3차 여행이나 수많은 그리스도인의 사역과 선교는 이를 증명하고 있다.

건장한 말들과 어룽진 말들이 묶여 있는 것은 또 다른 상징적인 의미를 보여준다. 역사상 가장 건장하고 온전한 교회지만 하나님의 율법에서 말하는바 부정한 자들이 가득한 교회다.

율법은 이방인을 부정한 자들이라고 정의한다. 그러나 하나님은 우리 부정한 자들, 율법을 온전히 지키지 못하는 자들을 부르셔서 그의 강건한 백성이 되게 하셨다.

우리는 이러한 교회의 본질적 의미를 마음에 새겨야 한다. 그래야만 하나님이 그의 아들 예수 그리스도, 어린 양이신 그분을 통해 하시고자 하는 심판의 참 의미를 더 깊이 깨달을 수 있기 때문이다.

주님의 심판은 단순한 분노에서, 충동적으로 나타내는 화에서 오는 것이 아니다. 오랜 시간 동안 하나님은 죄와 전쟁을 하셨다. 동시에 세상을 참아주셨다. 그 인내의 끝이 나타나는 과정이 바로 심판이다.

그러나 이 분노 속에서도 그분은 사람들에게 기회를 허락하신다. 이것이 그의 사랑이고 긍휼이다. 그의 분노는 결코 사랑이 배제된 공의에서 일어나지 않는다. 하나님은 이 세상이 스스로 부정하고 얼룩져 있다는 것을 깨달아 십자가 앞에 나오기를 원하신다. 오직 자신이 부정하다는 것을 깨닫는 자들만이 하나님의 긍휼을 이해할 수 있고 그의 긍휼은 입을 수 있다.

그 긍휼로 교회는 세상을 긍휼히 여기고 심판을 받는 그들을 위해 기도해 줄 수 있을 것이다. 왜냐하면 교회 또한 부정한 가운데서 긍휼함을 얻어 구원을 얻었기 때문이다.

그럼에도 하나님의 구원은 오직 믿음을 통해 하나님의 자녀가 된 자들에게만 일어나게 될 것이다. 하나님은 그의 자녀를 구원하신다.

우리의 아버지이신 하나님은 반드시 마지막에 그의 자녀들을 구원하시고 그의 나라로 들이실 것이다.

그리고 우리의 피흘림을 갚으실 것이다. 그러나 그 전에 아버지는 우리에게 인내하라고 말씀하신다. 세상을 긍휼히 여기며 그들이 당하는 심판이 우리에게도 임할 수 있음을 기억하라고 말씀하신다.

불과 유황이 떨어지는 소돔과 고모라를 돌아봤던 롯의 아내처럼 뒤돌아보지 말라고 말씀하신다.

우리가 하나님 심판의 방법을 자세히 보기 이전에 이 말씀을 들여다보는 것은 행운이라고 생각한다. 세상에 닥칠 심판이 우리와 상관없는 이야기가 아니라는 것을 기억하는 것, 믿음이 있다고 할지라도 믿음을 잃어버리면 그 심판이 우리에게도 임할 수 있다는 것, 믿음이 있어 그 심판 가운데 우리가 들지 않을지라도 심판을 당하는 세상에 대하여 미워하고 증오하는 마음을 가져서는 안 된다는 것을 기억해야 한다.

자, 이제 본격적인 일곱 인봉의 봉인 해제가 어떤 일을 일어나게 하는지를 살펴보자.

우레 소리

계시록의 네 말들이 나타나는 과정은 이러하다. 어린 양이 인을 떼면 네 생물들이 말을 탄 자들에게 '오라'라는 명령을 내린다. 그에 따라 말과 말 탄 자들이 등장하게 되고 그들의 등장으로 인해 땅에는 어떤 변화가 생긴다.

이 변화는 어린 양의 인봉 해제를 시작으로 한다. 네 인봉의 해제는 네 생물들의 명령으로 이어지는데 유독 첫째 인봉 해제 때 요한은 네 생물의 목소리가 어떠한지를 기록하고 있다.

그 소리가 우레와 같다고 표현하고 있는데 요한은 나머지 세 개의 인봉을 뗄 때 네 생물의 목소리에 대해서는 언급하지 않고 있다.

만약 나머지 셋의 명령도 우레 소리 같았다면 요한은 반드시 그에 대해 기록했을 것이다. 일곱 서신에서 요한이 성령이 교회들에게 하시는 말씀을 '들을찌어다'는 말을 반복해서 적었던 것은 그 말을 서신마다 예수님이 반복하셨기 때문이다.

이 반복은 반드시 필요한 것이었기 때문에 요한은 빼지도 더하지도 않고 그대로 기록한 것이다. 첫째 인봉 해제 시에만 우레 소리와 같은 네 생물의 목소리를 기록했다는 것은 나머지 셋의 명령에는 이러한 소리가 없었기 때문이라고 생각한다.

어쨌든 우레 소리가 무엇을 뜻하는지를 알기 위해서는 성경에 등장하는 우레 소리가 어떠한 경우에 나왔는지를 살펴봐야 한다. 그래야만 왜 첫째 인봉 해제 시에만 우레 소리와 같다는 목소리를 기록했는지를 알 수 있기 때문이다.

성경에서 우레 소리가 난 경우를 대강 정리해보면 아래와 같다.

1) 출애굽 시 하나님이 애굽에 내리신 재앙 중 우박과 함께 우레 소리가 났다(출 9:23~34).

2) 하나님이 대적하는 자를 깨뜨리실 때 우레를 사용하신다(삼상 2:10).

3) 하나님의 백성을 대적하는 자를 치실 때(삼상 7:10)

4) 이스라엘 백성들이 여호와를 버리고 다른 왕을 구한 것이 죄악임

을 나타내실 때(삼상 8:7, 12, 12:17, 18)

5) 하나님의 진노하심을 나타낼 때(시 78:48, 104:7)

6) 하나님의 징벌하심을 나타낼 때(사 29:6)

여섯 가지로 정리한 위 예들의 공통점은, 우레는 하나님이 공의가 나타나야 할 때 일어나는 현상이라는 점이다. 우레는 하나님의 보좌 주위에서도 언제나 일어나는 현상 중 하나다. 하나님의 보좌는 공의를 기반으로 세워진 자리다.

따라서 이 보좌에서 나오는 흘러나오는 우레는 그의 **심판이 하나님의 공의라는 기준을 통해 일어난다**는 것을 보여주고 있다.

하나님이 진노하시는 원인은 그의 공의의 원칙에서 어긋나는 '죄' 때문이다.

네 생물이 땅의 어떠한 존재를 향하여 우레 같은 소리로 명령을 했다는 것은 네 생물이 하나님의 공의와 진노를 대언할 수 있는 자격을 갖추고 있다는 것을 보여준다. 이것이 가능한 이유는 그들이 교회를 움직이는 핵심 세력이자 중추이기 때문이다.

그들은 교회의 머리이신 예수 그리스도의 실체를 보여주는 생물이다. 하나님의 명령을 대언하시는 성령이 항상 함께하는 존재다. 이때문에 그들에게는 하나님의 심판을 대언할 수 있는 권한이 있을 수 밖에 없다.

따라서 이들의 우레와 같은 소리는 하나님의 진노가 시작되었음을 알려주는 도화선과 같다.

첫 번째로 열린 인봉은 그 뒤로 나오는 모든 인봉들을 열게 해주는 중요한 기점이다. 우레 소리는 그 뒤에 나오는 모든 심판들이 이 소리를 기점으로 일어난다는 것을 보여주고 있다.

그렇다면 이 인봉의 열림과 네 생물의 명령을 통해 나오는 첫째 말과 그 말 탄 자는 모든 심판의 시작이자 원인이라고도 볼 수 있다. 그는 누구일까.

그의 특징부터 나열해 보자.

1) 그는 흰 말을 탔다.
2) 활을 가졌다.
3) 면류관을 받았다.
4) 나가서 이기고 또 이기려는 의지가 있다.

흰 말을 탔다는 것은 말을 탄 자가 전쟁을 치르기 위한 목적이 있다는 것을 보여준다. 말 자체는 전쟁을 상징하기 때문이다. 그 뒤에 활을 가졌다는 그의 특징과 이기고 이기려고 했다는 그의 의지를 보면 그의 흰 말은 필시 전쟁을 하기 위한 도구라는 것을 알 수 있다.

그렇다면 흰색은 무엇을 뜻하는 것일까. 성경에서 흰색은 거룩함을 상징하기도 하지만 왕이나 높은 지위를 가진 사람들을 나타낼 때 사용되는 색이기도 하다.

모르드개의 첩보로 인해 위기를 모면한 왕이 이를 알고 모르드개를 높이는데 이때 그는 흰색의 조복을 입고 말을 타고 왕의 행렬과 같은 행렬을 하게 된다.

또 사사기에 보면 이스라엘의 방백 즉, 높은 관료들의 모습을 묘사할 때 그들이 흰 나귀를 탔다고 기록한다(삿 5:10).

계 19장에 예수님이 마지막 전쟁에서 승리하실 그때 그분도 흰 말을 타고 등장하시는 것을 볼 수 있다.

그의 거룩하심을 나타내는 상징일 수도 있지만, 그가 어떠한 권위를 가지고 오시는지를 묘사하는 상징일 수도 있다. 계 19장의 예수님은 만왕의 왕, 만주의 주로 정확하게 기록되어 있기 때문이다. 이와 같이 흰말은 높은 지위에 있는 누군가를 묘사할 때 사용되는 도구라고 볼 수 있다.

우리는 여기서 또 아리송해진다. 그렇다면 이 모든 심판의 시작이 혹 예수님이실 수도 있는가 하는 부분이다. 내가 이에 대하여 명확하게 예수님이다 혹은 예수님이 아니다 말한다고 해서 그것이 진리라고는 할 수 없다.

그러나 여러 가지 이유로 이 말을 탄 자는 예수님일 수 없다는 것이 나의 결론이다. 첫째 근거로는, 예수님은 누군가의 명령을 받고 나오실 분이 아니라는 점이다. 그는 능동적으로 행동하신다. 물론 아버지의 뜻대로 모든 일을 이루시지만 말이다.

후에 계 19:11~16절에 나오는 흰 말 타신 그분은 분명히 모든 것을 이기실 예수 그리스도다. 이에 대해서는 명백하게 그가 예수 그리스도라는 것을 말할 수 있다.

이곳에서 예수님은 누구의 명령을 따라 나오시지 않고 그의 의지로 등장하신다. 그는 만왕의 왕이시고 만주의 주이시다. 그런 그가 어린 양이신 그분께 경배하던 네 생물의 명령을 받고 나온다는 것은 있을 수 없는 일이다.

또한, 지금 이곳에서 나오는 흰말 탄자는 분명 땅에서 출현하는 존재다. 땅에서 나왔다는 것은 그들이 원래부터 땅에 속해 있다는 것을 알려준다. 예수님은 하늘에 속하신 영원하신 분으로서 결코 땅에서 출현하실 수 없는 분이다.

그는 하늘에서 나셨으나 죄를 짊어지시기 위해 땅의 육신을 입어 십자가를 지셨다.

이미 땅에서 나타나신 적이 있으셨고 그는 다시 하늘로 올라가셨다. 그가 만약 다시 나타나신다면 반드시 하늘에서부터 나타나야 한다.

계 19:11절에서도 그의 출현 배경이 하늘이라는 것을 분명히 하고 있다.

다시 흰말이 가지고 있는 의미를 짚어보자. 계속 강조하는 것이지만 하나님이 사용하시는 상징들은 모두 그의 언어라고 생각해야 한다. 일곱, 여섯, 뱀 혹은 지금 나오는 흰색의 의미와 같은 것들은 우리가 지금 사용하는 단어들처럼 적절한 곳에 배치되어 사용된다.

'그리고' 라는 단어가 나쁜 상황이든 좋은 상황이든 사용되어야 할 곳에 사용되어야 하듯 말이다. 지금 이곳에 나오는 흰말이 '높은 방백의 사람이 사용하는 전쟁의 도구'라는 상징적 단어로 사용된다면 지금 나오는 흰말 탄자에 대한 상징이든 뒤에 나오는 예수님의 흰말이든 동일한 상징적 단어로 보아도 무방하다.

예수님 또한 높은 지위에 있는 왕으로서 마지막 전쟁을 위해 세상에 오셔서 승리하시는 모습으로 후반부에 묘사되기 때문이다.

그러나 이와 비슷한 모습이라고 해서 그 존재 자체가 같다는 것을 의미하지는 않는다. 이것이 만약 높은 지위에 있는 자가 사용하는 전쟁의 도구를 표현하는 상징이라면 그것이 하늘에서뿐 아니라 세상에서도 높은 지위를 가진 자, 세상의 왕과 같은 존재들이 사용하는 전쟁의 도구를 표현하는 말이 될 수도 있기 때문이다.

'지혜'라는 단어를 오로지 하나님의 자녀들을 표현하는 데만 국한되어 있지 않는 것과 마찬가지다. 이런 식으로 상징에 대한 패턴을 잘 기억해 놓으면 앞으로 나올 수많은 상징에 대해 이해하는 것이 더 수월해 질 것이다.

어쨌든 네 생물의 명에 따라 나오는 흰 말 탄자는 높은 지위에 있으면서도 전쟁을 계획하는 자다. 또한, 그는 땅에서 출현하고 네 생물보다는 하위에 있는 존재다.

그의 다른 특징은 그가 활을 가지고 있다는 점이다. 활은 전쟁 무기다. 이것만 보아도 그가 예수님이 아니라는 것을 추측할 수 있다. 예수님이든, 그로 인해 하나님의 자녀 된 우리들이든 사용하고 있는 무기는 검(sword)이다.

말씀의 검, 성령의 검을 들어야 한다는 것을 바울은 강조하고 있다(엡 6:17). 19장의 예수님 또한 나타나실 때 그의 입에서 이한 검이 나온다고 요한은 기록하고 있다.

우리의 무기는 오로지 말씀이자 그것을 사용하시는 성령이시다. **그러나 이것은 말을 탄 자가 예수님이 아니라는 확실한 근거는 아니다.** 어디까지나 검이라는 무기가 성도들과 예수님에게 들린 말씀을 비유하는 상징이라는 점에서 그러하다는 것이다.

여기에 더 나아가 지금 흰 말을 타고 있는 자가 활만 가지고 있을 뿐 화살을 쥐고 있는 건 아니라는 점이 더욱 그가 예수님이 아니라는 것에 무게를 더한다. 활만 가지고 있고 화살을 가지고 있지 않다는 것은 그가 전쟁을 계획하기는 하지만 직접적으로 싸우는 자는 아니라는 것을 보여준다.

예수님은 항상 그가 직접 나서서 우리와 함께 싸우셨다. 어찌 보면 이러한 특징도 그가 예수님이 아니라는 것을 나타내주는 것이 아닌가 한다.

전쟁을 계획하는 데 있어 중요한 것은 누가 계획하고 누가 그 계획을 실행시키느냐에 있다. 계획을 모의하는 모사는 싸움을 나서서 하지 않는다. 제갈공명이 계획을 세우면 장군들이 군대를 끌고 나가 그 계획을 실행하는 것과 같은 이치다.

모사꾼은 자신이 가지고 있는 예산과 병력의 규모와 장군들의 역량을 계산하고 상대편의 기량을 파악하여 어떻게 배치하고 어떤 방식으로 전쟁을 치를지 예측한다.

여기서 중요한 점은 모사를 꾸미려는 목적이다. 이 전쟁이 수비를 위한 전쟁인지 공격을 위한 전쟁인지가 중요하다는 것이다. 이것은 오롯이 왕의 의지에 따라 결정된다. 전쟁을 꾸미려는 자가 그 목적에 따라 모사를 사용하고 장군들을 사용한다.

히틀러가 싸움을 잘할 필요는 없다. 그는 당시 모든 군대를 통솔할 수 있는 자격을 획득한 것뿐이었다. 그의 머리에서 전쟁의 계획이 나왔고 그것을 실현해줄 모사들과 장군들이 그의 계획을 실행시켰다. 이처럼 흰말을 탄자의 활은 전쟁을 통솔할 수 있는 그의 위치와 의지를 나타내는 것이 아닌가 한다.

한가지를 더하자면 시44:6절에서 시편기자는 '나는 내 활을 의지하지 않을 것이라'고백한다. 이것은 자신의 세력을 의미한다. 흰말을 탄자가 활을 들고 이기려고 했다는 것은 자신의 세력으로 승리하려하는 의지를 지니고 있다는 것을 보여주는 것 같다.

그는 자신이 모은 세력들을 이용해 높은 지위를 획득했고 그것을 통해 전쟁을 이기려고 한다. 이러한 행보는 확실히 예수님의 전쟁방식과는 다르다. 그분은 오직 자신의 세력이 아닌 스스로 모든 것을 하시며 하나님의 힘을 의지해 승리하신다. 활은 아마도 그가 모은 세력에 의해 승리하려는 짐승의 의지를 나타내주는 상징이 아닌가 한다.

시44:6절은 그러나 활 뿐 아니라 칼도 자신의 세력이라는 것을 말해준다. 앞서 말한바와 같이 이 상징들은 문맥에서 다루고자 하는 주제와 함께 해석되어야 한다. 칼이든 활이든 이것이 사용되는 목적이 무엇이고 주체가 누구냐에 따라 그 해석이 달라진다.

시편 44:6절의 활의 의미가 지금 나타난 짐승의 의지와 상통하기에 이러한 해석을 제시해보고자 한다. 다시 말하지만 나의 해석이 완전한 진리가 아니다.

이러한 의지와 그의 위치는 나머지 특징에서도 나타난다. 그의 머리에 면류관이 주어졌다고 되어 있는데 이는 그가 이기고 있다는 것을 보여주는 또 하나의 단서라고 할 수 있다.

그러나 그 뒤로 기록된 그의 특징, 나가서 이기고 이기려고 하더라는 기록은 그가 완전히 승리했다는 것이 아니라 다만 그가 승리하고자 하는 강한 의지가 있다는 것을 보여준다.

예수님은 이미 이기셨고 앞으로 완전히 이기실 것이다. 그의 승리는 이미 결론이 난 미래다. 다시 말하지만, 예수님은 직접 싸우시고 승리하시는 분이시다. 그러나 여기 계 6:2절의 흰 말 탄자는 승리에 대한 의지만 있을 뿐 그가 승리했다는 결론은 기록되어 있지 않다.

예수님의 말씀뿐 아니라 모든 사도들이 공통적으로 언급했던 **진짜 마지막의 환란은 오직 멸망의 짐승이 나타난 이후에 일어날 것이다.**

하나님을 대적하는 적그리스도의 세력은 이미 일어나 각 세대에 걸쳐 있기는 했어도 '온 세상'이 숭배하고 그의 말에 동조하여 하나님을 대적하고 성도들을 합법적으로 핍박하는 세력은 없었다.

그 일은 로마의 시대와 같이 로마 내에서만 일어나는 일이 아니며 모든 나라와 민족과 방언이 사단의 영역 아래 있는 그때가 될 것이다.

흰 말을 타고 면류관을 받았다는 것은 그가 정치적으로 막강한 세력을 잡았다는 것을 의미한다.

그 세력으로 그는 모든 세상을 자신의 발아래 둘 것이며 하나님의 세력, 어린 양의 세력을 멸망시키기 위해 온 힘을 다할 것이다.

그것이 심판의 시작이다. 애굽의 재앙이 바로라는 강력한 군주가 있었기에 시작이 된 것처럼 바로보다 훨씬 강퍅하고 로마의 황제들보다 훨씬 강력한 힘을 가진 왕이 하나님과 그의 성도들을 대적하며 일어나게 될 것이다.

모든 심판의 시작은 멸망의 짐승의 출현이다. 반드시 그가 일어나 모든 세상을 자신의 권력 아래 둘 것이며 그것은 막강해 보일 것이다. 그러나 중요한 것은 그가 네 생물보다 밑에 있는 존재라는 점이다.

우리가 여기서 또 인지해야 할 부분이 있다. 그가 인봉이 열리는 것을 통해 나왔다고 해서 그 멸망의 짐승이 하나님의 의도로 나타난 것은 아니라는 것이다. 하나님은 사단이 인간을 이용해 자신의 마지막 때에 발버둥치며 어떻게든 모든 세상을 자신과 함께 멸망으로 끌고 가고 싶어한다는 것을 알고 계신다.

세대가 점점 악해짐에 따라 인간 스스로 사단의 계획에 동조하여 그의 거짓말에 동조할 것도 아셨다.

다시 말하지만, 하나님은 장기판의 말들이 언제 어떻게 움직일지 알고 계신다. 계시록은 그 모든 사단의 전략을 하나님이 앞서 보시고 그 전략을 파할 방법을 교회에게 제시하시는 책이다.

하나님은 바로의 탄생을 허락하신 것과 같이 마지막 멸망의 짐승의 탄생을 허락하셔서 그의 심판의 도구로 사용하신다. 우리 앞에는 생명의 길과 사망의 길이 있다. 이것을 보고 우리가 믿음으로 결정해주길 바라는 마음으로 이러한 미래 보고서를 요한을 통해 알려주시는 것이 아닌가 한다.

결론을 내리자면 흰 말을 탄자의 정체는 온 세상을 사단에게 받칠 멸망의 짐승의 탄생과 출현이라는 것이 나의 추측이다. 전쟁을 통해 권력을 잡고 모든 세상을 자신의 정치적인 구역 안에 가두고 하나님과 그의 성도들을 대적하려는 계획이 시발점이 되어 모든 심판이 시작되는 일이 이곳에 담겨 있는 것 같다.

바로라는 권력자의 핍박을 기점으로 하나님의 진노가 열 가지 재앙으로 나타난 것처럼 마지막 때에도 멸망의 짐승이 가진 강퍅함이 온 세상을 재앙으로 몰아넣는 시발점이 될 것이다.

이는 확실한 것이다. 예수님뿐 아니라 사도들도 누누이 강조한 바다.

그러나 멸망의 짐승이 가진 권력이 아무리 강해 보여도 하나님은 그의 힘이 더 우위에 있다는 것을 보여주신다. 성도들은 이러한 힘의 크기를 믿고 하나님을 의지해야 할 것이다.

　뒤에 나오는 나머지 세 마리의 말들은 아마도 첫째 인봉 해제 시에 등장한 강력한 군주가 계획한 전쟁이 연쇄적으로 나오는 현상들이 아닐까 한다. 이제부터 그 현상들에 대해 알아보자.

네 번째

일곱 인봉 (seal)

이야기

02
Chapter

'2, 3, 4'
인봉들

1장
—

두 번째
인봉 해제

전쟁의 실행자

첫째 인봉 해제 후 요한은 ιδού(보라)라는 말을 통해 첫째 인봉의 중요성에 대해 강조한다. 그는 우리에게 '보라'고 명령한다. 첫째 인봉 해제 후에 나타나는 말 탄자에 대하여 그는 매우 민감한 반응을 보이고 있다는 것을 알 수 있다.

명령어, '보라'라는 말은 명령할 때 사용되는 단어이기도 하지만 놀라움이나 감탄사를 표현할 때 쓰는 단어이기도 하다. '봐! 저기 사람이 죽었어!'와 같이 어떤 현상들을 볼 때 놀라움을 표시하는 단어인 것이다.

분명히 요한은 이 감탄사, 명령어를 통해 첫째 생물이 명령한 후에 나타나는 흰 말 탄자에 대하여 우리가 주목하고 보기를 원했다. 교회가 그를 주목해야 하는 이유는 앞서 설명한 바와 같이 그의 출현을 시작으로 모든 심판이 도미노처럼 나타나기 때문이다.

흰말 탄자가 가진 전쟁의 의도와 세상을 삼키려는 욕망, 야욕이 모든 세상으로 하여금 심판 아래 놓이게 만드는 중요한 계기가 될 것이기 때문이다.

그렇다면 그다음, 두 번째 인봉 해제 후에 나올 두 번째 말 탄자는 어떠한 존재일까. 그의 특징을 살펴보면,

1. 그는 붉은 말을 탔다.
2. 허락을 받고 움직이는 존재다.
3. 땅에서 화평을 제하는 자다.
4. 화평을 제하는 방법은 서로 죽이게 하는 것이다.
5. 그의 전쟁의 도구는 큰 칼이고 이는 누군가에게서 받은 것이다.

이 특징들을 살펴보기에 앞서 우리가 인지해야 할 구절의 특성은 계 6:4절에 다른 인들이 떼어진 후 기록되고 있는 καὶ εἶδον(kai eidon)이나 혹은 ἰδού(idou)라는 말이 없다는 점이다.

이것은 아마도 요한이 그 전부터 보고 있던 상황의 연속성을 말해주는 것이 아닌가 한다. 즉, 첫째 인과 둘째 인이 서로 연관되어 있다는 뜻이다.

요한은 한 사건이 끝나고 난 후 그 다음으로 보는 사건들을 서술하기 위하여 καὶ ειδον즉, '그리고 보았다'는 말을 사용하고 있다. 첫 번째와 세 번째, 네 번째 그리고 그 이후에 열리는 인봉 해제 후에는 이와 같은 서술이 반복되지만, 두 번째는 이 말이 사용되지 않는다.

그 대신 계 6:4절에서는 '나가다'라는 말을 사용함으로써 사건의 연속성을 나타내고 있다. 게다가 그 뒤에 나오는 말(horse)에 대하여 요한은 αλλος(또 다른)라는 단어를 사용하여 '또 다른 말이 나오고 있다'라고 표현하고 있다.

즉, 첫째 말이 나오고 난 후 곧바로 두 번째 말이 등장했다는 것을 알 수 있다. 이러한 연속성은 더더욱 첫째 말과 두 번째 말의 밀접한 관계를 말해준다. 두 번째 말을 탄자가 첫 번째 말을 탄자에 의해 움직이고 있음을 추측할 수 있는 것이다.

어떤 전쟁이든 그곳엔 주동자가 있고 실행자가 있다. 한 나라나 세력이 전쟁을 벌이려고 한다면 그 안에는 왕과 같은 최고 위치를 차지하는 자가 있고 그는 반드시 전쟁을 실행할 수 있는 유능한 사람들을 모아서 그들을 장기판 위의 말처럼 사용한다.

예를 들어, 유비가 한 나라를 공격한다고 하자. 그의 휘하에는 전쟁을 어떻게 실행할지를 알려주는 모사인 제갈공명이 있다. 그러나 그가 직접 나서서 싸우지는 않는다.

그는 장군들인 관우와 장비에게 몇 명의 군사들을 내어줄지 그들이 어디에 위치할지 또 어떤 방법으로 싸워야 할지를 계산한다. 왕이 있다면 그 밑에는 몸의 머리가 되어줄 문신들과 그 머리가 명령하는 대로 행해줄 몸의 지체와 같은 무신들이 필요하다.

마찬가지로 첫째 말을 탄자는 왕이나 그 세력의 우두머리에 속하고 두 번째 말 탄자는 그 밑에서 그의 생각대로 전쟁을 실행하게 될 무신과 같은 존재라고 할 수 있다. 히틀러가 전쟁을 일으켰을지라도 실제 히틀러가 그 손으로 직접 죽인 사람들은 별로 없을 것이다. 그가 말하면 실행하는 자들이 있었고 그들의 휘하에 있던 군사들이 살육을 행했다.

이와 같이 두 번째 말 탄자는 흰 말 탄자의 명령에 따라 전쟁을 실행하는 자로 나타난다는 것을 추측할 수 있다.

그렇다면 그가 탄 붉은 말의 의미는 무엇일까.

성경에서 붉은색(red)에 대해 찾아보면,

1. 죄에 관한 것: 붉은 죽(에서가 먹은 것, 창 25:30), 붉은죄(사 1:18), 붉은빛(사치를 상징, 렘 22:14), 붉은 색의 그림(갈대아 인의 형상-우상 숭배를 상징, 겔 23:14), 붉은 포도주(잠 23:31)

2. 심판에 관한 것: 홍해(출 15:22), 붉은 의복(예수님이 밟으셔서 튀긴 피가 옷을 물들임, 사 63:1,2), 붉은 방패, 무사들의 옷(니느웨를 멸망시키는 군사들의 옷, 나 2:3), 붉은 물(열하 3:22), 마병대의 호심경(일곱 나팔 재앙 중 하나, 계9:17), 붉은 달(계 6:12), 피 뿌린 옷(예수님의 입으신 옷, 계 19:13)

3. 구원에 관한 것: 홍해(출 15:22), 붉은 물 들인 숫양 가죽(출 25:2), 홍색 실(출 35:28), 붉은 줄(기생 라합, 수 2:18)

기본적으로 붉은색은 죄를 상징한다. 주홍 같은 죄에서 우리를 희게 하신다는 말씀만 보아도 하나님은 우리의 죄성을 붉은색으로 비유하신다는 것을 알 수 있다.

이 색이 의미하는 바는 위와 같이 죄와 심판과 구원을 다 담고 있다. 사실 이 세 가지의 개념은 서로 연결되어 있다. 심판은 우리의 죄로 인해 일어날 수밖에 없다. 그러나 예수님은 자신의 피를 흘리심으로써 우리를 그의 의로 구원하셨다. **성경은 언제나 우리의 구원이 이러한 심판의 과정에서 일어난다는 것을 보여주고 있다.**

출애굽 때에도 하나님은 애굽이라는 세상에 심판을 행하셨지만, 동시에 그의 백성을 구원하셨다. 이 세상은 심판에 처했지만, 예수님은 죄의 모양으로 오셔서 대속물이 되어 주셨고 피를 흘리셨다. 우리는 심판에 처할 수밖에 없는 세상에서 살아가고 있지만, 예수님의 피 흘리심으로 말미암아 구원을 얻게 되었다.

붉은색은 이와 같은 하나님의 심판을 상징하고 있다. 동시에 그의 백성을 건지시는 하나님의 구원을 상징하기도 한다. 이러한 복합적인 의미는 앞서 일곱 인봉된 책의 의미와도 맞아 떨어진다. 일곱 인봉이 떼어진 것은 심판을 위한 것이기도 하지만 구원을 위한 것이기도 하다.

심판은 죄의 결과를, 구원은 그 가운데 예수 그리스도의 건지심을 의미한다. 네 생물의 음성을 따라 나온 땅의 것들은 심판의 도구지만 궁극적으로 하나님이 하나님이심을 알리는 중요한 도구이기도 하다.

그러나 나는 붉은 색의 말을 조금 더 단순하게 접근하고자 한다. 왜냐면 붉은색 말은 흰색 말이 등장하자마자 나오는 말이라는 점과 그 흰색 말이 가진 의도 즉, 전쟁을 하려는 그의 의도와 연결되어 있기 때문이다.

전쟁을 보여주는 데 있어 붉은색만큼 그 의미를 단번에 나타내는 것은 없다. 전쟁은 그야말로 피가 뿌려지는 사건이다. 그것을 지시하는 자는 높은 위치에 앉은 자로서 전쟁터에 나가 지휘하는 사람이 아니기에 고귀한 자리와 장소에 머무를 수 있지만, 실행자는 직접 살육의 현장에 나가 전쟁을 지휘하고 실제 사람을 죽이는 일을 행해야 한다. 이러한 사건의 얼굴을 보여주는 색이 붉은색이라는 추측을 해본다.

게다가 여기에 등장하는 말 탄자의 특징은 붉은색이 단순히 전쟁을 나타내는 색이라는 것을 더욱 부각시킨다. 화평을 제하고 서로 죽이게 하는 일은 곧 전쟁이고 이것은 단순한 살인 사건이 아닌 살육전이 땅에 일어날 것을 보여준다.

또한, 붉은말 탄자 전에 나온 흰 말 탄자의 야욕은 한 지역에 국한된 것이 아니다. 그는 모든 세상을 삼키기 위해 스스로를 예비한 자이며 마지막 때에 그리스도와 교회를 대적하기 위해 준비하는 멸망의 짐승이다.

온 세계를 자신의 발 아래 두기 위한 전쟁을 계획하는 것이다. 그에 따른 전쟁 또한 온 세계를 대상으로 할 수밖에 없을 것이고 이는 엄청난 살육을 야기 시킬 것이다.

또한, 그는 '허락을 받았다'고 요한이 기록하고 있다. 헬라어 ἐδόθη(edothe) 는 '주다'라는 뜻의 단어 δίδωμι(didomi)의 수동태다. 이 형태는 '주어지 다'라고 해석할 수 있다. 이 단어를 통해 알 수 있는 것은 전쟁의 의도가 그(붉은 말을 탄자)에게 있지 않다는 점이다.

땅에서 화평을 제하고 사람을 서로 죽이게 만드는 일을 하는 권세가 붉은 말 탄자에게 있기는 하지만 누군가에게 허락받아서 그렇게 할 수 있다는 것이다.

이 말만 보아도 그는 누군가의 명령을 받아서 살육과 전쟁을 하고 있 다는 것을 추측할 수 있다. 그 명령을 내리는 자는 다름 아닌 첫째 말을 탄자 즉, 흰 말 탄자이며 붉은 말을 탄자는 그의 명령을 받고 움직이는 권세를 가진 사람이라고 볼 수 있을 것이다.

붉은 말 탄자의 검

앞서 첫째 말을 탄자의 특징을 살펴볼 때 우리는 그가 가진 것이 검이 아니라 활을 가졌다는 상징이 그가 멸망의 짐승이고 전쟁을 계획하는 근거라고 볼 수 있다고 했었다.

예수님의 전쟁 도구는 활이 아닌 검이고 이 특징은 영적인 전쟁에 임하는 성도들도 마찬가지라는 것을 언급한 바 있다. 그렇다면 이곳에 나온 붉은 말을 탄자가 받았다고 하는 검은 그와는 다른 것일까. 아니면 붉은 말 탄자가 흰 말 탄자의 수하라는 것이 잘못된 추측일까.

우리가 헬라어를 살펴봐야 하는 이유가 여기에 있다. 특별히 계시록은 하나님의 진영에 있는 존재들과 그 밖의 진영에 있는 존재들에 대해 그 구분이 명확하다. 다른 성경과는 차별화된 상징들을 가진다.

물론 그 상징들을 해석하는 데 있어서 요한계시록이 아닌 다른 성경들에서 나타나는 상징들이 가지고 있는 의미들에 대해 파악해야 한다. 그러나 우리는 계시록이라는 책이 가지고 있는 독특한 점을 간과하면 안 된다.

이 책은 우리가 알지 못하는 본질적인 세계, 보이지 않는 세계와 우리가 아직 보지 못했던 미래에 관한 서술들이 넘쳐난다. 해석하고 이해하기가 매우 어렵다.

그럼에도 우리는 이 책을 기본적으로 복음이라는 진리 위에서 해석해야 한다. 따라서 다른 성경에 나오는 상징들이 어떠한 의미인지를 파악하면서 그 해석을 조심스럽게 생각하고 상고해야 한다고 믿는다.

여기 나오는 붉은 말들이나 뒤에 나올 나팔 재앙들, 대접 재앙들 또 예수님이 하늘에서 나타나셔서 모든 전쟁에 승리하시는 일과 같은 사건의 서술들은 그전에 한 번도 나타나지 않았던 놀라운 사건들과 상징들이다.

이 때문에 어떠한 상징은 일반적으로 성경에서 나타나는 상징의 의미를 그대로 끌어다 쓸 수 있지만 어떤 것은 앞뒤 문맥과 그 사건이 가지고 있는 상황들에 대하여 그림을 그려보며 문맥이 전달하고자 하는 의미를 파악해야만 한다.

따라서 여기서 나오는 칼, 검이 하나님 말씀의 검이 상징하는 바와 같다고 생각하면 큰 오류를 범하게 된다. 이 검의 목적은 다른 성경에서 언급된 말씀의 검, 예를 들어 히 4:12절에 나오는 바와 같이 혼과 영과 및 관절과 골수를 깨어 쪼개기까지 하는 검과는 다른 목적을 가진다.

붉은 말 탄자가 받은 검의 목적은 오로지 실제 사람을 죽이고 살육하는 전쟁을 위함이다. 하나님은 이러한 구분을 위해 계시록에서 나오는 예수님의 검과는 다른 단어를 사용하게 하셨다.

요한이 지금 쓰고 있는 단어는 μαχαιρα(maqhaira)다. 그러나 예수님의 입에서 나오는 검, 일곱 서신과 계 19장에 나오는 예수님의 검은 ρομφαια(rhomphaia)라는 단어를 사용한다. 이 단어는 신약에서 단 6

번 등장하는데 그중 5번이 계시록에서만 사용되었다. 나머지 한 곳은 눅 2:35절에서 '마리아의 가슴을 칼로 찌르는 듯한다'는 문장에 사용됐다.

천사(αγγελος)라는 말을 쓴 이유가 계시록에 나온 다른 종들과 구분하기 위해 사용된 것처럼 예수님의 검도 다른 단어를 사용함으로써 악한 진영에서 사용되는 검의 의미와 구분하고 있다는 추측을 해본다.

결론을 내리자면 붉은 말 탄자가 쓰는 검은 예수님의 검과는 다른 목적을 가지고 있다는 것이다.

또 하나 생각해야 할 개념은 '검'도 상징일 뿐이라는 것이다. 누구든 검을 가질 수 있지만, 이것을 어디에 사용하느냐에 따라 악한 사건을 만들 수도 있고 선한 상황을 만들 수도 있다.

이것은 그저 단어일 뿐 이것 자체가 선하거나 악한 성격을 지닐 수가 없다. 나는 이에 대한 개념에 대해 여러 번 설명한 바 있다. 숫자 1, 2, 3과 같은 기호가 선하거나 악하지 않은 것처럼 검 또한 그런 성질을 가지고 있다는 것을 기억하기 바란다.

어쨌든 이 '검'이라는 단어가 사용된 문맥과 정황을 볼 때 그 '검'은 멸망의 짐승에게서 받은 전쟁의 지휘권 혹은 도구라고 보는 것이 합당하다는 것이 나의 결론이다. 분명한 것은 그 검이 그가 받은 권세와 관련이 있다는 점이다.

권세를 받은 자에게서 그 도구도 받았을 것이다. 이것은 전쟁 실행의 도구이며 붉은 말 탄자의 치트키라고 할 수 있다.

이 단어를 설명할 때 요한은 '큰'(μεγα)(mega)이라는 형용사를 덧붙인다. 이것은 그가 가진 검이 거대하고 크다는 것을 피력하고 있다. 그만큼 큰 살상이 일어날 것임을 보여주는 그림이라고 할 수 있다.

이 단어가 사용된 계시록의 다른 구절은 계 13:10절에 나오는 검에 관한 것이다. 이 검은 온 세상을 자신의 발 아래 두게 된 멸망의 짐승이 자신을 숭배하지 않는 사람들을 몇이든 죽이게 할 때 사용되는 검이다.

첫째 말 탄자를 멸망의 짐승이라고 가정해 보았을 때 그의 명을 받고 검을 휘두르는 자의 검과 같은 목적을 가진 단어가 13장에 사용된 것이다.

따라서 여기에 사용된 검은 살상을 위한 검, 짐승의 욕망을 채우기 위한 검, 전쟁을 위한 검이라는 것을 추측해 볼 수 있다.

우리는 둘(붉은 말과 흰 말 탄자)의 관계에서 그들의 실체를 또 다르게 생각해 볼 수도 있다. 당시 히틀러가 전쟁을 일으켰지만, 실은 그의 세력을 통해 이득을 본 더 높은 세력들의 개입이 있었다.

실제로 그들이 히틀러를 일부러 전쟁의 주동자로 세워서 경제적, 정치적 이익을 얻으려는 의도가 있었는지, 혹은 히틀러의 전쟁으로 자연스럽게 이득을 얻게 되었는지는 알지 못한다.

그러나 분명한 것은 당시 히틀러보다 훨씬 더 큰 권력을 가지고 보이지 않는 곳에서 정치적, 경제적인 세력을 휘두른 사람들이 있었다는 점이다. 또한, 전쟁을 통해 경제적인 이득을 얻게 된 사람들이나 권력을 잡은 사람들이 실제 존재했었다.

어쩌면 이러한 세력들의 우두머리가 흰말 탄자이고 히틀러와 같은 자가 붉은 말을 탄자일 수도 있다는 생각을 해본다. 마지막에 나타날 흰 말 탄자는 반드시 정치적인 세력들 및 거대한 경제 세력들과 담합할 수밖에 없다.

그가 권력을 잡기 위해서는 전쟁의 의도를 가져야만 하는데 이 전쟁은 정치와 경제의 이권 다툼이 아니고는 일어날 리가 없기 때문이다.

흰 말 탄자는 그 사이에서 줄타기하며 자신의 자리를 노리는 사람일 것이다. 또 속임수에 능한 자로서 그들의 이득을 자신의 이로 돌리는 영악함을 가지고 있는 자가 분명하다.

이러한 추측은 단지 추측이 아니다. 계 13장은 이에 대하여 자세히 묘사하고 있다. 뒤에 가서 더 설명하겠지만 바다의 짐승이 가진 열 뿔이 전쟁을 통해 실질적인 이득을 보는 왕들이라고 할 수 있다. 이는 다니엘서에도 언급된 바 있다.

마지막 때는 반드시 로마의 황제와 같은 강력한 군주와 그를 돕고 그를 통해 이득을 얻으려고 하는 정치적, 경제적 연합 세력이 있을 것이다.

멸망의 짐승을 세워 전쟁을 벌이는 것은 뒤에서 그 일을 돕고 추대하는 자들에게는 엄청난 이익을 줄 것이다. 그 때문에 그들은 흰 말 탄자의 계획과 붉은 말 탄자의 실행을 도울 것이다.

흰말 탄자는 반드시 전쟁을 실행하는 자인 붉은 말 탄자의 살육을 통해 정권을 잡게 될 것이다. 그는 이러한 야욕을 위해 전쟁을 계획하고 많은 왕들과 손잡으며 거대한 권력을 쟁취하게 되고 하나님은 이러한 전쟁의 계획자와 실행자를 심판의 일환으로 사용하실 것이다.

그들의 야욕이 전쟁을 야기시키고 하나님의 심판의 현상들이 도미노처럼 나타나게 될 미래를 우리는 준비해야만 한다.

여기서 우리가 알아야 할 것이 있다. 붉은 말 탄자의 검이 아무리 커도 흰 말 탄자의 권세와 지혜가 아무리 커 보여도 그들을 뒷받침해 주는 정치적 경제적 세력이 아무리 거대해도 그들은 다 하나님의 권세 아래 있다는 점이다.

심지어 그들은 하나님의 명령에 의해 나타나는 것이 아니라 하나님의 권세 아래 있는 네 생물의 명령에 의해 나타나는 존재들이다.

그들은 그저 한 시대에 작은 점처럼 나타날 세력에 불과한, 이미 멸망이 작정된 세력에 불과하다는 것을 잊지 말자.

2장

세 번째
인봉 해제

검은 말

　세 번째 인봉과 네 번째 인봉 해제 시 나타나는 존재들은 앞서 나온 두 말 탄자들과는 조금 다른 이미지다. 앞서 나온 두 명의 말 탄자들은 사람들의 눈에 실제 보이는 존재들, 사람들이라는 것이 느껴진다.

　그에 반해 셋째와 넷째 말 탄자들은 '사람'이라고 보기엔 어려운 특징들을 가지고 있다. 검은 말 탄자가 일으킬 것으로 예상되는 인플레이션은 사회적으로 나타나는 현상이다. 이 일은 자연발생적으로 일어나거나, 사람의 의도에 의해 일어날 수도 있다.

　그러나 이 현상 자체를 사람이라고 칭하지는 않는다. 검은 말 탄자는 당시 세계적으로 일어날 어떠한 현상을 상징적으로 나타내고 있음을 알 수 있다. 다만 우리가 '사람'과 관련하여 추측할 수 있는 것은 이 현상들이 앞서 나온 두 말 탄자들과 전혀 무관할 수는 없다는 점이다.

　네 번째 말의 사망이나 음부도 수많은 사람이 죽고 음부에 떨어지는 현상이지만 이 또한 자연발생적이거나 사람이 의도한 전쟁에 의해 일어날 수 있다. 만약 이것이 전쟁에 의한 것이라면 첫째 말과 둘째 말에 탄

'사람들'의 의도와 결정과 연관된 것일 수 있다.

그렇다면 검은 말과 말 탄자, 청황색 말과 말 탄자가 나타남으로써 일어나는 현상들은 자연발생적인 걸까 아니면 사람의 의도에 의해 일어난 것일까.

요셉이 총리로 있던 시절에 하나님은 바로에게 꿈으로 7년의 대 기근을 계시하셨다. 이로 인해 인플레이션으로 인해 죽을 수 있었던 수많은 사람들이 요셉의 지혜로 구원을 얻었다. 이처럼 인플레이션은 자연발생적으로 일어날 수 있다.

또 청황색 말이 나타나고 나서 보이는 사망도 자연발생적일 수 있다. 역사 속에 있었던 수많은 전염병은 자연발생적이었다.

누군가가 의도해서 생긴 것이 아닌 한 사람으로부터 시작되어 수없이 많은 사람의 목숨을 앗아가는 일들이 주기적으로 일어났었다.

그러나 우리는 첫째 말과 둘째 말의 의미에 맞춰 이 일들을 생각해 보아야 한다. 앞서 말한 바와 같이 첫째 말의 등장은 앞으로 일어날 모든 재앙의 시작이자 씨앗이다.

그가 등장하고 그가 의도한 대로 전쟁이 일어난다. 따라서 셋째 말과 넷째 말을 통해 일어나는 인플레이션과 사망은 그의 의도와 전혀 상관없이 일어날 수 없다. 만약 상관이 없었다면 네 생물의 명령을 통해 나타난다는 공통적인 특징을 가질 수 없었을 것이다.

　네 마리의 말은 마치 한 데 묶인 것처럼 말 탄자라는 같은 모습으로 출현한다. 말은 설명했듯이 전쟁의 도구다. 만약 검은 말과 청황색 말을 통해 나타나는 인플레이션과 사망이 전쟁과 무관하다면 굳이 말이라는 전쟁의 도구로 나타날 필요가 없었을 것이다.

　그 말들이 나타내고 있는 전쟁은 첫째 말을 탄자가 의도한 전쟁이다. 그는 온 세계를 대상으로 자신의 야욕을 실현시키려는 인물이다. 이에 따라 둘째 말을 탄자를 통해 전쟁을 일으킨다.

　또한, 여기에 나오는 말들의 등장은 온 세계적인 현상이다. 따라서 검은색 말도 청황색 말도 자연 발생적인 재앙이 아닌 사람의 의도로, 정확히 말하자면 멸망의 짐승이 의도한 전쟁에 의해 일어난 현상들을 뜻하고 있음을 알 수 있다.

　세 번째 말의 색은 검은색이다. 성경에서 검은색은 아래와 같이 나타난다.

　렘 4:28(심판) 8:21(심판의 결과-상함), 14:2(슬픔), 애 5:10(심판의 결과), 슥 6:2(밤-night을 상징), 성막의 해달 가죽, 레 13:31(정함의 부재), 13:37(정함의 상징), 왕상 18:45(비의 징조-먹구름), 에 1:6(부의 상징-대리석 색), 욥 30:30(고난의 상징), 잠 7:9(유혹의 때), 아 1:5(수치의 상징),

1:6(수치의 상징), 5:11(아름다움의 상징).

위 구절들을 살펴보았을 때 검은색(black)은 심판의 결과, 심판의 참혹함을 나타낼 때 사용하는 상징적인 색으로 사용되었다는 것을 알 수 있다.

출애굽 때 재앙의 하나인 흑암 재앙도 검은색이었고, 남유다의 심판 때에 굶주림과 혹독한 고난으로 피부가 검게 변했다고 할 때도 검은색이 사용되었다.

성막을 덮는 해달 가죽도 검은색인데 이것은 세상 가운데 있는 하나님의 성전, 성막을 의미한다고 볼 수 있다. 이는 성령이 전이 된 우리들이 거하고 있는 세상을 상징하고 있다. 실제 성전이든 육체의 성전이든 성전은 세상이라는 어두움 속에서 살아가는 존재들이다. 다만 그 안에 빛으로 임하시는 예수님을 나타내고 진리를 비추며 갈 뿐이다.

마지막 때는 그 어두움이 극심해질 때다. 죄악이 관영하고 사랑이 식는 그때의 세상은 더더욱 깊은 암흑에 놓일 것이다. 이러한 상황과 맞물려 생각하면 여기서 나타나는 검은 색은 하나님의 심판의 도구인 멸망의 짐승이 통치하고 점령하는 과정에서 나타나는 '결과'와 '그때'를 상징한다고 본다.

심판은 도덕적으로 타락하고 사랑이 식어진 세상이 가장 어두워진 그

때 일어난다. 이스라엘의 패망도 이와 같은 어두움에서 비롯되었다. 선지자들은 이스라엘의 패역함을 적나라하게 비판했었고 그들에게 다가올 심판에 대해 경고했다. 패역함 뒤에 오게 될 하나님의 심판은 그의 몽둥이인 제국과 그 왕들이었고 그들의 핍박과 전쟁이 결국 이스라엘을 패망의 길로 들어서게 했다.

결론을 내자면, 검은색 말 탄자는 하나님이 심판을 통해 가져다주는 결과를 상징한다. 그것을 통해 많은 이들이 고통받을 것을 예고하고 처참한 환경에 놓일 것임을 상징적으로 보여주고 있다. 우리가 반드시 기억해야 할 것은 이 일은 반드시 전 세계적으로 일어날 현상이라는 점이다.

멍에

그렇다면 그가 들고 있는 것은 무엇일까. 영어 성경이나 한국어 성경은 이것을 '저울', 'balances'라고 해석한다. 여기에 해당하는 단어인 ζυγος(zuygos)는 신약성경에서 6번 사용되었다. 그중 다섯 번은 '멍에'라는 뜻으로 나머지 한 번 이곳에서만 '저울'이라고 해석하고 있다.

이러한 해석이 있는 데는 그 뒤에 나오는 구절에서 언급한 인플레이션 현상 때문인 것 같다(필자 주. 이것은 나의 추측이다).

밀 한 되에 한 데나리온, 보리 석 되에 한 데나리온으로 나타나는 심판의 결과는 극심한 인플레이션을 보여준다. 이러한 상징적인 표현은 아무래도 '측량'에 관하여 언급한 문장이기 때문에 $\zeta\upsilon\gamma\upsilon\varsigma$를 '저울'이라고 해석하는 것이 가능하다고 여겨진다.

이것도 적당한 해석이지만 나는 이에 대한 의견을 조금 달리하고 싶다. 나는 이 단어가 '저울'보다는 '멍에'라고 해석하는 것이 더 적합하지 않을까 생각했다. 그 이유는 흰 말 탄자와 붉은 말 탄자의 출현이 심판의 과정이자 결과라는 점 때문이다.

그들의 출현은 옛 제국들이 나라를 정복하는 과정 및 결과의 모습과 매우 비슷하다.

역사적으로 제국의 왕들이 전쟁을 계획하고 그 밑의 장군들이 실제 그 계획을 실행하여 살육을 펼쳐 전쟁에서 이기면 그 후에는 반드시 포로를 멍에에 매어 끌고 가는 일이 일어난다. 만약 $\zeta\upsilon\gamma\upsilon\varsigma$를 멍에라고 해석하면 첫째 둘째 셋째 말의 행보는 정확히 이 순차와 맞아떨어진다.

흰말 탄자가 계획하고 붉은 말 탄자가 실행했다면 그다음 예상할 수 있는 자연스러운 시나리오는 피정복민들을 그들의 정치적 세력 안에 가두기 위해 어떻게 다루느냐가 나타나야 한다.

예를 들어보자. 바벨론은 난공불락의 성인 예루살렘을 점거하기 위해 18개월간 성을 둘러싼 채 버티고 있었다. 시간이 지나면서 성안은 먹을 것이 소진되기 때문에 식량은 점점 더 높은 가격으로 책정되었을 것이다. 수요는 많은데 공급이 부족하다. 이것이 전형적인 인플레이션의 현상이 일어날 수 있는 조건이다.

느부갓네살 왕이 전쟁을 계획했고, 실행했고, 그 때문에 일어나는 성내의 인플레이션이 그러한 결과를 만들었다. 이로 인해 예루살렘은 결국 정복당했다.

남유다는 멸망했으며 그들은 예레미야가 예언한 대로 멍에를 멘 채 끌려갔다. 멍에는 심판의 도구로 사용되는 제국의 왕들이 피정복민들을 통치하고 다스리는 장치로 사용되었다.

아람 군대가 사마리아 성 주변에 주둔하고 있을 때도 마찬가지다. 성안에서 나귀 머리 하나가 은 팔십 세겔, 비둘기 똥이 은 다섯 세겔에 팔렸다고 기록되어 있다. 이 또한 인플레이션 현상이었다.

이와 같은 일들은 성경에서만 나타나는 것이 아니다. 1920년 독일은 1차 세계 대전 패전 직후에 막대한 전쟁 배상금을 갚기 위해 화폐를 남발했다.

이 때문에 독일 내에선 심각한 하이퍼인플레이션이 발생했다. 1922년에 1마르크였던 신문 한 부가 1923년에는 1,000마르크로 올랐고 한 달 후에는 100만 마르크가 되었다.

식빵을 사기 위해서는 돈을 벽돌처럼 쌓아 올려야 했다. 이러한 현상은 전쟁에서 승리한 나라가 정복한 나라를 얽맬 수 있는 제도적 멍에 곧, 족쇄가 된다.

계 6:6절에서 셋째 말이 등장했을 때 네 생물 사이에서 한 음성이 말한다. 밀 한 되에 한 데나리온이라고 외치는데 이 말을 NIV 버전에서는 이렇게 해석한다. 'a quart of wheat for a day's wages'-약 1.14리터 용량(쿼트의 양)의 밀을 사는데 필요한 돈이 하루의 일당이라는 것이다 (요한의 당시 한 데나리온은 남자 성인이 하루 동안에 벌 수 있는 평균적인 급여였다고 한다).

지금으로 따지면 하루 급여가 최소 5만 원 내지 10만 원이라고 해도 그 돈으로 겨우 밀 1.14리터밖에 살 수 없다는 것을 알려준다. 현재 밀가루 한 포대 즉, 밀가루 20킬로그램은 2만 5천 원이다. 밀 1.14리터는 약 1.2킬로그램인데 이 무게의 가격은 약 2,500원 내지 3,000원이다.

그런데 이 정도의 밀가루 값이 하루 일당인 약 10만 원 정도로 책정되었다면 계시록에서 예언하는 전쟁 후에 올 인플레이션은 심각한 수준이 아닐 수 없다.

이 현상이 멸망의 아들이 계획한 족쇄가 될 수 있는 이유는 간단하다. 이와 같은 현상이 전쟁 후에 나타나게 된다면 돈을 버는 자는 더 많이 벌고 가난한 자는 더 가난해질 것이기 때문이다. 그는 이것을 이용해 온 세상을 삼킬 수 있는 힘을 보유하게 된다.

가난해진 사람들은 당장 먹고살기 위해 돈을 가진 사람들에게 돈을 빌릴 수밖에 없을 것이다. 이 현상이 오래가면 갈수록 채주들은 더 부자가 되고 가난한 자들은 아무리 열심히 일해도 부를 쌓을 수 없는 악순환이 발생한다.

이렇게 되면 채주들은 인플레이션을 통해 단지 가난한 개개인을 빚으로 얽어매는 것을 넘어선다. 한 국가를 장악하는 엄청난 수단으로 이 현상을 사용하게 될 것이다. 이를 통해 나라의 경계는 무너지고 세상은 하나의 정치적인 통제 아래 놓이게 될 가능성이 커진다.

다시 강조하지만, 멸망의 짐승이 원하는 것은 한 나라가 아니라 모든 세상이다. 모든 나라와 민족을 자신의 정치적인 세력 아래 두기 위해 전쟁을 일으키고 경제 붕괴를 통한 돈의 노예화를 전략적으로 사용하는 것이 그의 계략이다.

요셉이 있었던 이집트가 강력한 제국이 될 수 있었던 데에는 7년의 흉년이 있었기 때문이다. 사람들은 7년의 풍년을 지낼 동안 그 뒤에 올 7년의 흉년을 준비해야 한다고 생각하지 못했다. 그러나 하나님이 바로에게 주신 꿈을 풀이하고 세금 정책을 낸 요셉의 지혜로 애굽은 그 덕을 톡톡히 보았다.

모든 세상이 가물어지고 사람들이 식량을 찾아 헤맬 때 이집트는 그들이 가진 식량이라는 권력으로 제국을 확장할 기회를 얻는다. 처음엔 돈을, 그다음은 토지를, 그다음엔 사람들의 노동력을 전쟁 한 번 하지 않고 가질 수 있었다.

요셉의 때 이뤄진 이집트의 권력은 자연스럽게 일어난 흉년으로 인해 얻어진 것이었다. 그러나 멸망의 짐승은 이러한 흉년을 전쟁을 통해 의도적으로 유발하고 그로 인해 정치적인 권력을 얻고자 하는 무서운 계획을 가지고 있다.

이 계획은 교회뿐 아니라, 온 세상으로 하여금 거대한 고통과 굶주림과 가난에 시달리게 만들 것이다.

멸망의 짐승에게 권력을 주는 열 왕은 이에 가담하고 모의하고 이러한 악랄한 계략을 실행시키는 데 필요한 모든 것을 제공할 것이다.

예산이 없이는 그 어떤 전쟁도 일으킬 수가 없다. 군사를 동원하는 정치적인 힘이 없다면 그 또한 전쟁은 일어날 수 없다. 따라서 멸망의 짐승에게 열 왕들의 동조와 협력은 불가피하다.

열 왕들은 단지 멸망의 짐승을 높이기 위해 그의 손을 들어주는 것이 아니다. 그들에게 전쟁은 그야말로 일확천금을 노릴 기회다. 전쟁을 통해 발발된 인플레이션으로 한꺼번에 수없이 많은 이들이 그들에게 손을 내밀 것이다.

열 왕들은 단지 세상 사람들이 당시 보유하고 있는 재산만 얻을 수 있는 것이 아니라 미래에 그들이 벌게 될 재산까지도 소유하게 된다.

그 계산이 섰기에 열 왕들은 멸망의 짐승을 최고의 권력자로 세우고 그의 끔찍한 계획에 힘을 실어 줄 것이다. 오로지 핵심적인 권력을 가진 그들과 그들에게 동조하는 사단의 무리만 세상의 부를 누리며 권력을 좌지우지하는 날이 이를 것이다.

이런 사익의 추구가 멸망의 짐승과 열 왕들이 서로가 원하는 것을 위해 암암리에 계약하게 만들고 그 계획은 성공한다는 것을 성경은 보여 주고 있다.

멸망의 짐승과 그와 함께 공조하는 열 왕은 인플레이션을 통해 빚이라는 족쇄를 세상에 채울 것이다. 그에 따라 모든 경제와 정치를 손아귀에 쥔 그들은 국가와 국가 간의 경계를 무너뜨리는 정치적 경제적 통합을 마치 뛰어난 해결책인 것처럼 온 세상에 떠들 것이다.

기억해야 할 것은 이러한 그들의 계획은 세상에 완전히 드러나는 계획이 아니라는 점이다.

훗날 멸망의 짐승은 모든 이들의 추앙을 받게 되는 존재다. 정치적인 왕으로 설 뿐 아니라 종교적으로도 신과 같은 존재로 온 세상의 숭배를 받게 된다.

이런 상황은 사람들이 그들이 겪고 있는 인플레이션과 고통이 멸망의 짐승과 열 왕들의 세력에 의해 일어나고 있다는 것을 인지하지 못하는 무지한 상황에 처한다는 것을 보여준다.

멸망의 짐승은 모든 이들을 속이기에 능하다. 거기에 공조하는 열 왕의 세력은 미디어를 통해 그가 마치 세상에 강림한 신이라도 되는 것처럼 꾸며 널리 홍보할 것이다.

흡사 어려운 시기에 세상을 구하는 영웅처럼 혹은 신처럼 그는 혜성같이 나타나 세상 위에 군림하게 될 것이다.

이렇게 한 사람의 신적인 숭배를 정치와 결탁하는 것은 로마 시대의 시저들이 스스로를 신으로 높여 강력한 중앙집권을 추구한 방법과 다르지 않다.

마지막 때의 멸망의 왕은 모든 사람들이 가진 욕망을 읽어내고 그 욕망을 채워주는 듯한 모습으로 나타날 것이다. 사람들은 욕망이 추구하는 대로 그들이 말하고 꾸민 거짓말을 믿게 되고 그를 숭배하기에 이를 것이다.

실제로 사실은 그들의 인생에 족쇄와 멍에를 채우는 존재는 다름 아닌 멸망의 짐승과 그와 함께한 열 왕이라는 것을 하나님은 이 상징을 통해 알려주신다. 제국주의는 오래전 바벨탑을 세운 인간의 의도가 더욱 치밀하게 나타난 집권세력이라고 할 수 있다.

그때는 언어의 흩으심으로 심판을 면하였으나 이제 마지막은 알곡과

가라지를 나누는 대추수의 시기를 지나게 될 것이다. 거대한 선악과 앞에서 사단의 거짓말에 속느냐 아니면 하나님의 진리를 믿느냐는 우리들의 선택이다.

이제 우리가 주목해야 할 부분은 이때 교회는 어떻게 이 상황을 지나갈 것이냐에 관한 것이다. 우리는 성도다. 하나님의 교회고 예수 그리스도의 교회다. 분명한 것은 이러한 심판의 시기가 오면 교회는 반드시 핍박당하게 된다는 점이다.

이러한 상황은 정말 불편하게도 매우 자연스러운 현상이다. 역사적으로 교회는 단 한 번도 세상의 핍박을 피한 적이 없었다.

교회가 이스라엘이라는 조그만 나라에 국한되었을 때도 사단은 이방 나라를 통해 끊임없이 공격하고 무너뜨리기 위해 온 힘을 다했다.

그 이후 사도들을 통해 교회가 세워졌을때 로마와 기존 유대인들의 핍박이 있었다. 기독교가 로마의 국교가 되기까지 성도들은 300년 동안 카타콤 즉, 무덤에서 살아야 했다.

콘스탄티누스 대제의 선언으로 기독교가 세상 밖으로 나온 후 불행하게도 중세 교회는 점점 권력의 맛을 알게 되고 극심한 타락으로 얼룩져

버렸다. 교회는 또 위기를 맞았고 고난과 유혹에 직면했다.

마틴 루터를 통해 종교 개혁이 일어나고 프로테스탄트들이 생겨나면서 카톨릭과 개신교로 나뉘게 된다. 권력의 도구였던 성경이 대중들에게 보급되면서 이제 성경은 누구나 읽을 수 있는 책이 되었다. 교회는 늘 핍박과 유혹을 받아 왔다. 지금의 교회도 마찬가지다.

현 세대의 교회는 사실 그 어느 때보다 편안한 시대를 누리고 있다. 물론 한국이나 미국 같은 자유를 인정하는 국가에서는 오래전에 로마가 핍박했던 것 같은 그런 압제는 없다. 그러나 지금도 이슬람 사회나 북한, 중국 같은 국가에서는 포교가 금지되고 복음을 전하는 자들이 감옥에 갇히거나 죽는 일들이 일어난다.

자유가 없는 곳에서는 핍박으로, 자유가 존재하는 곳에서는 유혹으로 악한 영들은 교회를 괴롭힌다. 그러나 다시 한번 말하지만, 이러한 현상은 매우 자연스러운 것이다.

예수님은 세상은 나를 미워함으로 너희도 미워하게 될 것이라고 말씀하신다. 우리가 그 믿음으로 인해 미움을 받는 것은 당연한 일이라는 것이다. 세상은 점점 더 멸망의 짐승의 손아귀로 들어가고 있고 지금도 그 과정을 거치고 있다.

교회는 이제 그 어떤 핍박의 시대보다 더욱 극심한 환란의 시대를 맞이하게 될 것이다. 멸망의 짐승의 집권, 전쟁과 재난의 시작, 급격한 인플레이션 현상들을 맞이하는 것은 세상뿐 아니라 교회 위에도 불어오게 될 재난이다.

어떤 이는 교회가 그러한 일을 당하기 전에 하나님 앞에 들려 올라가게 될 수 있다고도 얘기하지만, 나는 아닐 수도 있다고 말하고 싶다.

만약 교회가 그 환란의 시기를 지나갈 것이 아니었다면 예수님은 마지막 환란 때에 우리가 어떻게 해야 하는지를 말씀하시지 않았을 것이다.

성도들의 인내가 왜 필요한지를 말씀하시지도 않았을 것이다. 만약 그 어떤 이들의 말이 사실이 아니라면 아무런 준비도 없이 멍하니 있다가 그런 환란의 시기를 정말로 맞이하게 될 때 아무런 준비도 못하는 불상사를 당하게 될 것이다. 준비가 없는 교회는 반드시 실패한다. 7년의 흉년을 대비하지 못했던 사람들처럼 말이다.

우리는 예수님이 언제 다시 오실지 알지 못한다. 다시 말하지만, 이것은 하나님이 보유하신 최고의 기밀이다. 이 최고의 기밀은 반드시 알고 있어야 하는 사람만 알고 있어야 한다. 이 '언제'를 오직 하나님만 알고 있는 이유는 그것이 매우 중요한 비밀이기 때문이며 전쟁의 승패를 가르는 요인이기 때문이다.

그러나 우리에게 그것이 언제인지를 생각하는 것보다 훨씬 더 중요한 것은 주님이 언제 오시든, 환란이 언제 일어나든 우리는 반드시 준비되어 있어야만 한다는 점이다.

　전쟁에 많이 임한 만큼 싸움의 기술은 더 늘어나게 되어 있다. 마지막 때의 환란은 그야말로 영적 전쟁의 막바지이고 이 전쟁에 임하는 성도들은 인간이 가지고 있는 모든 기관들이 하나님의 성령과 온전히 합해지는 놀라운 영적 상태에 돌입하게 될 것이다.
　이것이 승리할 수 있는 길이다. 이러한 하나됨은 수없이 많은 영적 전투와 대비와 훈련이 아니면 이뤄질 수 없다.

　교회가 마지막 환란 때를 지나갈 것이라는 추측이 가능한 이유는 세 번째 말 탄자의 출현 후 들려오는 어떤 음성 때문이기도 하다.
　계 6:6절은 그 음성을 이렇게 기록하고 있다.

　내가 네 생물 사이로서 나는 듯 하는 음성을 들으니 가로되 한 데나리온에 밀 한 되요 한 데나리온에 보리 석 되로다 또 감람유와 포도주는 해치 말라 하더라

　요한은 여기서 나는 음성을 네 생물 사이로서 나는 듯 하는 음성이라고 기록한다. 네 생물 가운데서 나는 음성이고 그 음성의 주인공이 누구인지 요한은 밝히지 않는다. 그 음성의 주인이 누구든지 간에 중요한 사실은 이 음성이 땅의 세력 곧, 사단에게 속한 악한 세력으로부터 나온 것이 아니라는 점이다.

이 문장은 명령어로 끝난다. 즉, 네 생물이 오라고 명령했던 존재인 세 번째 말 탄자를 향해 또 다른 명령을 누군가가 내리고 있는 것이다.

이 점은 네 생물이 명령한 것과 비슷하거나 혹은 그 상위의 권위를 가진 자가 그 명령을 했을 가능성이 많다는 것을 시사해 준다.

이 명령은 땅에서 활동하게 될 보이지 않는 세력이 어디까지 질주할 수 있는지에 대한 경계를 그어주고 있다. 인플레이션 현상을 일으키되 어느 선까지 일으킬 수 있는지를 정해주고 있는 것이다.

그 경계는 한 데나리온에 밀 한 되, 보리 석 되다. 멸망의 짐승과 그 세력이 아무리 그 이상으로 인플레이션 현상을 일으키려 노력해도 그 이상의 하이퍼인플레이션이 불가능하다는 것을 보여준다.

그런데 우리는 그다음 명령을 더 유심히 보아야 한다.
'감람유과 포도주는 해하지 말라.'

여기서 사용된 단어 αδικεω(adikeo)는 '해치다', 'hurt'이라는 뜻으로 앞서 서머나 교회 사자에게 편지한 내용 중에도 사용된 단어이기도 하다. '이기는 자는 둘째 사망의 해를 받지 않을 것'이라는 약속에서 '해'에 해당되는 단어가 이 단어다.

네 생물 사이에서 나는 듯한 음성은 또 다른 경계를 세 번째 말 탄자에게 하달한다. 하이퍼인플레이션의 제한선을 지키되 감람유와 포도주는 건드리지 말라는 경계를 더 하고 있다.

그렇다면 음성이 언급하고 있는 감람유와 포도주는 어떤 뜻일까. 분명한 것은 이 두 가지의 음식물은 앞서 나온 밀과 보리와는 구별된다는 점이다.

감람유와 포도주를 해치 말라는 것은 곧 밀과 보리는 해함을 입는다는 뜻이다. 우리는 그 해함이 인플레이션으로 나타나고 있다는 것을 알고 있다.

그렇다면 감람유과 포도주는 그러한 재난을 입지 않는다는 뜻으로도 해석할 수 있을 것이다. 둘째, 사망의 해를 입지 않는다는 서신의 약속도 해를 입을 자들이 있다는 것과 그 해를 입지 않을 자들이 있다는 구별로 이어진다. 마찬가지로 밀과 보리는 해를 입되 감람유와 포도주는 그 해를 입지 않는다는 구별로 이어질 수 있다.

지금 6장에서 나온 인플레이션의 해라는 것은 모든 지구의 상황이 그 안으로 빠진다는 것이지만 중요한 건 이 현상은 인간의 사회라는 울타리 안에서 이뤄진다는 점이다.

한 데나리온이라는 화폐 단위는 오로지 사람이 사는 사회에서만 통용되는 개념이다. 동물이나 식물 혹은 보이지 않는 영적 세계에서는 이 수단이 아무 쓸모가 없다.

그러므로 세 번째 말 탄자의 가해는 오직 인간의 사회에 국한되어 일어날 수 있는 '해'다. 자연히 감람유와 포도주도 인간의 사회에 국한된 상징이라는 것을 알 수 있다.

밀과 보리는 모든 사람들이 먹는 일반적인 식품이다. 사람이 하루의 일당으로 이런 종류의 음식을 사 간다면 이것은 그들이 생계를 유지하는데 가장 필요한 일반적 식품이라는 뜻이다.

한국 사람이 밥을 주 음식으로 삼고 미국인이나 유럽인이 빵을 위주로 식사를 하는 것과 같은 개념이라고 할 수 있다. 생계를 유지하기 위해 초콜릿을 주 식사로 하지는 않을 것이기 때문이다.

만약 아주 적은 돈을 보유한 상황에서 가장 필요한 식품을 찾는다면 그것은 식단의 주가 되는 식품을 찾을 수밖에 없을 것이다.

따라서 밀과 보리는 일반적으로 살아가는 세상 사람들을 상징할 수 있다고 본다. 인플레이션의 해가 갈 수 있는 경계에 있는 존재가 사람이 사는 사회라면 '밀과 보리'는 '일반적으로 살아가는 모든 사람들'이라는 해석이 가능한 것이다.

그렇다면 감람유와 포도주도 사람의 경계에서 생각하는 것으로 이어질 수 있다. 성경에서 감람유와 포도주는 어떤 것을 상징하고 있을까.

우선 감람유는 하나님의 성막 향단에 드리는 것(출 27:20)으로 성령을 의미한다. 왕을 임명할 때(삿 9:9) 쓰는 기름이고, 사람을 영화롭게 하는 것, 하나님의 복, 축복을 상징(느 9:25, 신 6:11)한다.

이는 교회를 상징(슥 4:3)하기도 하고, 약속의 땅을 상징(신 8:8)하는 것으로도 나온다.

그렇다면 감람 기름을 내는 감람나무를 알아보는 것도 6장에 나오는 감람유의 의미를 아는 것에 도움을 줄 수 있을 것이다.

감람나무는 성전을 만드는 재료(왕상 6:23)로 쓰였다. 초막절 초막을 만드는 재료(느 8:15)이기도 하고, 하나님의 영원한 나라를 상징(시 52:8)하기도 한다. 하나님의 가정(128:3)을 나타내기도 하며 무엇보다 교회를 상징(사 24:13 롬 11:17)한다.

이로 볼 때 감람유 혹은 감람나무는 교회를 나타내고 성령의 운행이 임하시는 단체 자체를 의미한다고 본다. 바울은 로마서에서 교회를 감람나무로 비유하여 설명했는데, 원가지 이스라엘을 참 감람나무로, 이방인들을 돌 감람나무로 비유했다.

바울은 이방인으로서 예수 그리스도를 믿게 된 자들은 돌 감람나무였던 곳에서 꺾여 참 감람나무인 이스라엘에 접붙임을 받아 의인이 되고 구원받을 수 있다는 복음의 논리를 설명한 바 있다.

감람나무는 하나님의 교회를 상징하며, 따라서 그 나무에서 나오는 감람유는 하나님의 교회가 흘려내는 것 즉, 그 안에 거하시는 하나님의 성령을 의미한다고 볼 수 있을 것이다.

그렇다면 포도주도 이와 맥락을 같이한다고 볼 수 있다. 포도주 역시 포도나무의 열매에서 생산되는 음료다. 예수님은 자신을 포도나무로 비유하시면서 성도들이 그 나무의 가지로 붙어 있어야 함을 강조하셨다(요 15:1).

포도주에 관한 성경의 구절들을 더 살펴보자. 포도주는 하나님의 축복(창 27:28, 신 7:13, 신 11:14-포도주와 기름)을 상징한다. 교회의 구원(창 49:12), 하나님 앞에 드리는 전제, 혹은 성도가 하나님 앞에 드리는 향기로운 제물을 나타내기도 하며, 성도 자신을 뜻하기도 한다(출 29:40, 신 18:4). 때로는 부정함을 상징(레 10:9)하기도 하지만 이곳에서 나오는 문맥상 비교 대상이 될 수 있는 구절이 아니다.

하나님의 양육(신 32:14)을 뜻하기도 하며 그 어떤 것보다 포도주는 예수님이 자신의 피로 비유하여 먹으라고 말씀하신 음료이기도 하다.

즉, 포도주는 포도나무에서 생산되는 열매의 산출로서 예수님의 피로 구원 얻은 사람들을 상징한다고 볼 수 있다.

결론을 내자면 감람유와 포도주는 성령 안에 거하는 교회, 예수님의 피로 사신 바 된 성도들을 의미한다고 볼 수 있다. 하늘에서 나오는 음성이 네 생물의 명령을 받고 나온 자들에게 그들을 해하지 말라고 했다는 것은 세상 모든 이들이 극심한 인플레이션을 받을지라도 교회는 그 해를 입지 않을 것임을 보여준다.

여기서 우리가 유심히 살펴야 할 것은 하늘이 말하는 교회의 모습이다. 왜 교회라고 직접적으로 말하지 않고 감람유와 포도주라고 비유하여 설명했을까.

이는 진정한 교회란 성령의 임재가 있는 하나님의 전, 혹은 개개인을 뜻한다는 것을 보여준다. 교회는 자신들의 의로움이 아니라 오직 예수님의 피의 공로로 의로움을 얻은 자들이다.

이곳 6장에서는 진짜 교회의 모습이 예수 안에서 거하는 포도나무 가지와 같은 거룩한 자들인 동시에 성령 안에서 행하는 자들이 모인 곳임을 보여주고 있다.

7장에서 하나님은 땅에 재앙들이 일어나기 전에 그의 교회에 속한 자들의 이마 위에 인을 치신다. 심판을 받을 자들과 아닌 자들을 땅에서도 철저하게 구분하시는 것이다.

이러한 일은 출애굽 때에도 일어났던 일이었다. 흑암의 재앙이 왔을 때 오직 이스라엘 자손이 거했던 곳만 흑암이 임하지 않고 빛이 임했음을 볼 수 있다.

이처럼 마지막 환란 때의 진정한 교회는 세상에 거하고 있지만 모든 세상이 해를 입을 때도 영향을 받지 않을 것이다. 오히려 하나님의 보호하심을 입게 될 것임을 이 단어들을 통해 보여주고 있다.

스가랴서의 순금 등잔대

여기서 우리는 잠깐 스가랴서에 등장하는 감람나무 두 개와 기름 그릇 환상에 대해 짚어 보려 한다. 이것을 살펴보는 이유는 후에 나올 중요한 환상과도 연관되어 있기 때문이다.

하나님이 누구신지를 아는 것도 중요하지만 하나님이 정의하시는 교회가 어떤지를 아는 것도 중요하다.

그래야만 이 말씀에 비춰보아 우리 스스로가 진정한 교회에 속한 성도의 모습을 가졌는지 그렇지 않은지를 분별할 수 있기 때문이다. 특히 지금은 감람유가 나오는 장면을 다루고 있다. 감람유의 의미를 파악하기 위해서는 다른 성경에서 나오는 감람유과 연관된 구절들을 살펴보는 것이 필요하다.

우선 스가랴가 본 환상이 구체적으로 어떠했는지를 말씀을 통해 들여

다보자.

'그가 내게 묻되 네가 무엇을 보느냐 내가 대답하되 내가 보니 순금 등잔대가
있는데 그 위에는 기름 그릇이 있고 또 그 기름 그릇 위에 일곱 등잔이 있으며
그 기름 그릇 위에 있는 등잔을 위해서 일곱 관이 있고'

일단 슥 4:2절에 나온 이 구절을 통해 우리는 몇 가지 그림을 볼 수 있
다. 분석해 보면,

1. 순금 등잔대가 있다.
2. 그 위에 기름을 담을 수 있는 등잔대가 있다.
3. 그 등잔대 위 기름 그릇 안에 일곱 개의 등잔이 있다.
4. 일곱 개의 등잔대를 위해서 일곱 개의 관(tube)이 있다.

이 구절을 그림으로 그리면 위와 같다.
또 그 다음 구절의 환상은 기름 등잔대 양옆으로 두 개의 감람나무가
있다고 묘사하고 있다. 위 그림과 같이 감람나무 하나는 왼쪽, 하나는 오
른쪽에 위치해 있다.
또한, 각 감람나무에게는 등잔대로 연결된 관들이 있다. 그러니까 양
쪽 감람나무에 연결된 총 두 개의 관이 일곱 기름 그릇이 들어있는 하나

두 개의
감람나무

기름 등잔에 금기름을 공급함

일곱개의 기름등잔

기름등잔

일곱개의 기름등잔 금관

의 등잔대에 양옆으로 연결돼 있는 장면을 연상할 수 있다.

스가랴는 이 환상을 보며 환상을 보여주는 자에게 이것들이 무엇이냐고 묻는다. 그러자 그는 뜬금없는 대답을 한다.

그 유명한 구절이 여기서 나오는데

'만군의 여호와께서 말씀하시되 이는 힘으로 되지 아니하며 능력으로 되지 아니하고 오직 나의 영으로 되느니라'라고 대답한다.

그러면서 뒤이어 하나님의 사자는 스룹바벨 즉, 당시 총독으로 있던 그 앞에 성전 건설을 방해할 장애물이 사라질 것임을 예언한다. 그 성전의 기초가 놓였다는 말씀과 함께 환상 속에 등장하는 등잔대에 놓인 일곱 기름 그릇이 온 세상에 두루 다니는 여호와의 눈이라고 설명하고 있다.

스가랴서는 특별히 제2성전, 스룹바벨 성전 건축의 독려를 위해 기록된 예언서다. 거기에 더해 스가랴서는 교회의 과거 현재 미래의 모습과 교회의 진정한 모습에 대한 하나님의 시각이 세세하게 기록되어 있다.
따라서 스가랴서의 감람나무 환상 또한 교회의 모습과 본질적인 부분에 대해 다룬 상징들이라고 볼 수 있다.

감람나무와 등잔대의 환상 후에 이것이 무엇이냐고 묻는 스가랴의 질문에 하나님의 사자가 모든 일이 그 어떤 힘도 능력도 아닌 오직 하나님의 영으로 되는 것이라고 말한 것을 보면 이 환상은 하나님의 교회를 세우는 데 있어 가장 중요한 요소가 '하나님의 영' 즉, '성령'이라는 점을 보여주는 것 같다.
환상을 보여주는 자의 말씀 말미에 그는 일곱 개의 등잔이 온 세상에 보내심을 받은 여호와의 눈이라고 분명히 밝힌다. 이 설명은 우리가 계시록에서도 보았던 구절과 비슷하다는 것을 알 수 있다.

계 5:6절에서는 어린양에게 있는 일곱 개의 눈이 '온 땅에 보내심을 받은 일곱 영'이라고 기록되어 있다. 또한, 4장의 보좌 앞에 있는 일곱 개의 등불이 곧 '하나님의 일곱 영'이라고 설명하고 있다. 또 1장에 나오는 일곱 개의 금 촛대는 예수님이 돌보시는 교회라고 기록되어 있다.

이 모든 계시록의 환상들을 종합해 보면, 교회는 금 촛대, 등잔과 같이 어둠을 밝히는 도구라고 해석할 수 있다.

이와 같은 존재를 교회로 비유했다는 것은 교회가 세상을 비추는 빛으로 서 있다는 것을 보여준다.

그러나 중요한 것은 교회 자체가 빛이 될 수는 없다는 점이다. 빛은 예수 그리스도요, 그 이름으로 오신 성령이시다. 그 빛을 담는 그릇이 교회다. 이 빛을 통해 교회는 세상의 진실을 볼 수 있다.

교회가 교회인 이유는 등잔 그릇이라서가 아니라 불을 밝힐 수 있는 기름 곧, 성령이 그 안에 거하기 때문이다. 우리는 이 점을 명확히 인지해야만 한다.

우리가 하나님의 거룩한 성도로 서 있다는 가장 확실한 증거는 우리 안에 예수 그리스도의 성령이 거하신다는 점이다. 이와 같은 복음의 본질이 스가랴서의 환상에서도 계시록의 환상에서도 일관적으로 흐르고 있다.

하나님의 눈, 하나님의 빛, 금 촛대, 금 등잔과 같은 비유들은 교회가 하나님의 영으로 빛을 비추고 하나님의 눈의 역할을 감당하고 있다는 것을 보여준다.

하나님의 영은 우리 영혼을 밝힐 뿐 아니라 세상을 비추는 빛이다. 그 빛을 담고 있는 존재가 교회요, 성령의 전인 우리의 육체다.

이와 같은 진리를 담고 있는 환상이 바로 스가랴서의 기름 등잔 환상이다. 하나님은 이 환상을 통해 교회의 본질적인 모습 즉, 성령이 임재하는 곳이 하나님의 성전이고 교회라는 것을 보여주고 계신다.

여기서 우리는 또 계시록에 나오는 장면과 유사한 몇몇 요소들을 볼 수 있다. 그중 하나는 큰 등잔대 안에 들어간 기름 그릇들이 일곱 개라는 점이다.

계시록에서도 예수님은 일곱 교회에 편지하라고 말씀하셨고, 일곱 금 촛대 사이를 돌아다니신다고도 말씀하셨다. 이 일곱 교회에 일곱 사자들이 있고 이 일곱 교회 위에 임하는 일곱 영이 있다. 또한, 예수님으로 비유되는 어린 양의 머리에는 일곱 개의 눈이 있다.

'일곱'은 앞서 누누이 설명한 바와 같이 '모든', '충만한'이라는 상징적인 의미가 있다. 하나님의 영은 과거와 현재와 미래의 모든 교회 위에 임하시는 분이다. 다시 말하지만 하나님의 영이 임하지 않는 곳은 교회가 아니다.

다른 불이 임하는 곳은 교회가 아니다. 나답과 아비후가 죽음을 당한 것은 교회가 가져야 할 본질적인 요소인 성령의 불이 아닌 다른 불을 드렸기 때문이다.

다시 스가랴서로 돌아오면 결국 일곱 금 기름 그릇은 '모든 교회'라는 것을 알 수 있다. 그 안에는 각각 기름을 빨아들일 수 있는 일곱 개의 관이 있다. 큰 등잔대 안에 기름이 채워지면 그 기름을 관으로 빨아들여 각 일곱 기름 그릇에 불이 붙을 수 있는 상태가 된다.

스가랴의 이 환상은 성령으로 빛을 발해야 하는 교회의 모습을 계시하고 있다.

이것은 모든 교회는 반드시 하나님의 성령으로 채워져야 한다는 것을 보여주고 있다.

그러나 지금 이 환상에서는 아직 그 기름이 채워지지 않은 상태다. 그 때문에 이 기름을 채우기 위해 그것을 공급하는 존재들이 등장한다.

이 둘이 바로 좌우에 위치한 두 개의 감람나무다. 감람나무는 기름을 내는 올리브 열매를 맺는 나무다. 이 나무들이 살아 있는 한 기름은 끊임없이 기름 그릇이 들어있는 등잔대에 공급될 것이다.

그렇다면 두 개의 감람나무는 무엇일까.

스가랴도 이 부분에 대해 질문하고 있다. 정확히 말하자면 '금 기름을 흘리는 두 금관 옆에 있는 이 감람나무 두 가지는 무슨 뜻이니이까'라고 묻는다. 그러자 환상을 보여주는 자가 말하기를 '이는 기름 부음 받은 자 둘이니 온 세상의 주 앞에 서 있는 자니라'라고 대답한다.

이 대답도 계시록에 등장하는 환상과 비슷한 부분이 있다. 계 11:4절은 마지막 때에 활동할 두 증인에 대해 설명하고 있다. 여기서도 요한에게 환상을 보여주는 자가 말하기를 이 두 증인은 이 땅의 주 앞에 선 두 감람나무와 두 촛대라고 설명한다.

앞서 나는 다윗이 예수 그리스도를 예표 하는 대표적인 인물일 수밖에 없는 이유에 대해 언급한 적이 있다. 그 이유는 다윗이 언약궤를 다시 찾아오면서 새로운 장막인 다윗의 장막에 언약궤를 들였기 때문이었다.

더 정확히는 옛 언약의 상징인 기브온의 장막 즉, 모세의 장막과 그를 섬기는 대제사장, 또 새 언약의 상징인 다윗의 장막과 그를 섬기는 대제사장이 한 나라 안에 동시에 존재했기 때문이었다.

두 명의 제사장과 두 개의 장막은 각각 옛 언약과 새 언약이 예수 그리스도 안에서 하나가 됨을 뜻한다. 이것은 유대인에게만 국한되었던 옛 언약이 이제는 이방인에게도 허락되어 새로운 언약 아래 이방과 유대가 예수 그리스도 안에서 하나가 되는 일이 일어남을 상징했다.

두 개의 감람나무, 모세의 노래와 어린 양의 노래는 이와 같은 두 개의 언약과 두 개의 장막을 뜻하고 이것을 하나 되게 하시는 이가 곧 하나님이 보내신 메시아이며 약속의 아들이고 그가 곧 예수 그리스도 임을 보여준다.

결국 두 개의 감람나무는 두 개의 언약을 담은 두 교회이고 그 감람나무에서 흘리는 금 기름을 받는 하나의 등잔대는 모든 교회(일곱 기름 그릇)를 담는 하나 된 예수 그리스도의 교회를 상징하고 있는 것이다.

스가랴서의 감람나무 환상에서 주목해야 할 부분이 있다. 스가랴가 천사에게 금 기름을 흘리는 두 감람나무 두 가지가 무엇이냐고 물었을 때 천사는 기름 부은 받은 자 둘이니 온 세상의 주 앞에 서 있는 자라고 대답한다.

여기서 천사의 대답을 더 정확히 히브리 원문으로 가져와 해석하면, '온 세상의 주 앞에 서 있는 기름의 아들 둘'이라고 해석할 수 있다.

정말 희한한 것은 감람나무도 둘이고 관도 둘인데 기름의 아들이라는 말은 단수로 기록되었다는 사실이다. 히브리어는 양을 표현하는데 매우 세밀한 문법 형식을 가지고 있다.

단수, 복수를 표현하는 것뿐 아니라 쌍수 즉, 두 개일 때 또 형태가 변한다. 만약 이 문법을 따르면 기름의 아들은 '아들'이라는 단수가 아니라 '아들들'이라는 쌍수가 쓰여야 마땅하다. 그러나 이곳은 기름의 아들이라는 단수로 기록되어 있다.

우리는 그 이유를 알 수 있다. 다윗이라는 하나의 존재 안에서 하나가 된 두 개의 장막과 두 개의 언약. 이것은 예수 그리스도 안에서 하나가 된 두 개의 교회 곧, 이방과 유대 교회를 의미한다고 여겨진다.

이 때문에 다윗이 예수 그리스도를 예표 하는 데 있어 그토록 중요한 인물이라는 것을 강조한 바 있다. 이 진리는 이곳뿐 아니라 앞으로도 계시록을 보는 데 있어 계속 인지하고 가야 할 부분이니 잘 기억해주길 바란다.

어쨌든 이곳 스가랴서의 환상 속에서 등잔대는 아직 기름 그릇에 기름이 채워지지 않은 상태다. 이는 이방과 유대의 교회가 하나가 된 시기 곧, 예수 그리스도가 아직 나타나지 않은 시점이었기 때문으로 추측된다.

그러나 하나님은 앞으로 기름 부음 받은 자이신 예수 그리스도가 나타나 성령 안에서 모든 교회를 하나로 만드실 것임을 환상을 통해 보여주고 계신다.

그들이 미처 깨닫지 못했던 새로운 언약, 그 언약을 담을 성전인 사람의 육체, 그 안에서 보혜사로 활동하실 성령의 존재는 스가랴가 이해하기엔 너무나 납득하기 어려운 진리들이었다. 이방과 유대가 하나가 된다는 것은 유대인인 그로서는 쉽사리 이해할 수 없는 너무 먼 얘기였기 때문이다.

그러나 하나님은 다윗 때부터 아니 그 훨씬 전부터 유대 교회를 통해 이방 교회를 돌이키게 하실 것을 계획하셨다. 그 때문에 다윗을 기뻐하실 수밖에 없었다.

하나님은 예수님이 나타나실 그때만을 고대하셨다. 이방과 유대 모든 교회 위에 임재하실 성령이 그들을 도와 하나님의 나라로 이끌어 들이는 그 꿈을 스가랴에게 보여주셨다고 생각한다.

새 언약과 옛 언약의 중보자이신 예수 그리스도를 인식하는 것은 이방 교회와 유대 교회에 속한 각각의 영혼들이 어떠한 마음으로 서로를 대해야 하는지를 보여준다. 오직 믿음 안에서 하나 된 형제로, 예수 그리스도라는 장자의 권세를 함께 누리는 자로 서 있어야 함을 보여준다.

유대의 교회든 이방의 교회든 모든 교회는 예수 그리스도를 머리로 삼는 그리스도의 지체다. 하나님의 성령이 임하는 곳이다. 그의 성령이 임재하는 사람들이다.

이러한 교회의 모습은 마지막 때에 살아가기 위해 갖춰야 할 교회의 형상임을 마지막 성도들은 반드시 기억해야 할 것이다.

세 번째 인봉 해제에서 보여주는 감람유와 포도주는 이와 같이 마지막 때의 교회를 상징한다고 생각한다. 성령이 임하시는 한 교회는 그의 보호하심 아래 안전할 것이다. 그럼에도 우리는 반드시 영적 전쟁에 임하게 될 것이다.

영은 하늘에 속할지라도 육은 세상 속에 있기 때문이다. 교회는 빛을 발하는 존재다. 흑암이 더 깊어지는 그때 빛을 발할 수 있는 유일한 존재는 교회다.

교회는 단지 핍박에 무서워하며 떨기만 하는 존재가 아니라 하나님의 심판을 대언하고 진리의 빛을 발하는 존재로서 서 있게 될 것이다. 우리는 이러한 교회로서의 사명을 인식하고 영적 전쟁에서 승리해야만 할 것이다.

3장

네 번째
인봉해제

청황색 말

이제 네 번째 말 탄자를 살펴보자. 이 말과 말 탄자의 특징을 정리해 보면 다음과 같다.

1. 말은 청황색-녹색이다.
2. 말 탄자의 이름은 사망이다.
3. 그 뒤를 음부가 따르고 있다.
4. 그들이 땅 1/4의 권세를 얻어서 죽인다.
5. 그들이 사용하는 죽음의 도구는 검, 흉년, 사망, 땅의 짐승들이다.

이 말의 가장 큰 특징은 청황색이라는 색에 있다. 여기에 사용된 단어는 χλωρος(kloros)로, 막 6:39, 계 8:7, 9:4절에도 사용된 단어다. 막 6:39절의 '푸른 잔디'에서 '푸른'으로 사용됐고 계 8:7절에서는 '각종 푸른 풀'에서 '푸른'으로, 계 9:4절에서는 '땅의 푸른 풀이나 푸른 것'에서 '푸른'으로 사용되었다.

이 색은 파랑색(Blue) 계열보단 초록색(Green) 색 계열에 가깝다. 땅에서 자라나는 식물의 색을 표현하는 의미로 사용되었기 때문이다. 따라서 이 색이 가지는 의미를 알아보기 위해서는 성경에서 사용된 초록색, 푸른색에 관한 구절들을 찾아봐야 할 것이다. 또한, 이 구절 중에서도 말 탄자의 다른 특징 즉, 사망과 죽음, 음부와 연관된 의미들을 찾아봐야 할 것이다.

이와 연관 지을 수 있는 구절들은 이와 같다.

* 레 13:49-나병의 색점
* 왕상 14:23, 왕하 16:4, 17:10, 대하 28:4, 사 57:5, 렘2:20, 3:6, 13, 17:2, 겔 6:13- 푸른 나무 아래서 행하는 영적 간음, 우상 숭배
* 겔 17:24, 20:47, 시 37:35-악인의 세력의 무성함
* 사 37:27-힘이 약한 것을 상징하는 지붕 위의 풀이나 나물 같은 것들의 색

이 구절들에서 나온 푸른색이 상징하는 바는 여러 가지지만 공통점이 있다. 나병의 색점이 있는 의복이나 가죽은 반드시 태워 없애야 한다.

우상 숭배의 본거지인 푸른 나무들도 불살라져 없어졌으며, 푸른 나무의 잎사귀같이 무성했던 악인의 세력도 사라졌다. 풀과 같은 인생도 결국 사라질 것이다.

이와 같은 공통점을 볼 때 네 번째 말 탄자의 세력은 악인의 세력, 잠깐 머물다 갈 인생의 세력, 잠시 흥황하게 될 세상의 세력을 상징하는 것

같다.

이 때문인지는 몰라도 유독 계 6:8절은 말 탄 자를 설명할 때 '그 위에(επανω-epano)'라는 단어를 사용한다. 이 단어는 'up above', 'more than', 'over'이라는 뜻으로 다른 말 탄자의 설명에서는 없던 단어다.

만약 청황색 말 자체가 악인의 세력을 뜻한다면 그 위에 올라선, 그 세력보다 더욱 위에 있는 세력은 그 말 위에 있는 더 큰 힘을 가진 존재임을 보여준다.

이 단어는 네 번째 인봉 해제 후에 나오는 말 탄자의 세력이 그 앞에 출현했던 세 말 탄자의 세력과는 차별화된 세력이라는 것을 강조한다.

앞서 나온 세 세력을 정리하자면, 첫째는 온 세상의 권력을 잡게 될 멸망의 짐승, 둘째는 그 멸망의 짐승의 계획을 실현해줄 전쟁의 실행자,

셋째는 전쟁으로 오는 인플레이션과 같은 전쟁의 결과 곧 멍에 자체를 의미한다.

네 번째 말은(horse) 악인의 세력을 가지고 있는 실제 형상과 그들의 세력을 부풀리기 위한 도구를 상징하고 있는 것 같다. 즉, 네 번째 말 탄자가 타고 있는 말은 악인들 자체 세력의 형상이고 그들이 획득한 최고조의 세력을 나타낸다고 할 수 있다.

그러한 세력들을 넘어섰다고(επανω) 표현하고 있는 요한의 단어 선택은 이 말 탄자가 모든 악인의 세력 위에 있는 강력한 존재임을 보여준다.

죽음

세 번째 말을 탄자가 어떠한 세력인지를 알기 위해서는 그가 가진 특징들을 살펴봐야 할 것이다. 그의 가장 도드라지는 특징 중 하나는 그의 이름이 '사망'이라는 것이다. 그로 인해 땅의 1/4이 죽음을 맞게 될 것임을 요한은 기록하고 있다.

그렇다면 여기서 말하는 죽음이란 무엇일까. 어떤 존재의 죽음을 말하는 것일까? 성경은 사망이라는 이름을 가진 말 탄자 뒤에 또 무엇인가가 따라온다고 말한다.

만약 사망이라고 이름하는 자 뒤에 아무것도 따라오지 않았다면 그로 인해 일어나는 죽음은 모든 것들의 죽음 즉, 사람과 동물과 식물을 포함한 모든 생명 있는 것들의 죽음을 지칭했다고 생각했을 것이다.

그러나 요한은 말 탄자 뒤에 따르는 존재를 음부라고 기록한다. 요한은 이것에 대하여 헬라어 ἅδης(hades)를 사용하고 있다. 음부, 지옥, 영어로는 hell이라고 표현한다. 히브리어로 '스올'이라고 표현하기도 하는 이것은 사람으로서 악한 일을 저질렀을 때 가는 형벌의 장소를 의미한다.

성경에 이와 관련된 구절을 찾아보면, 악인이 가는 곳이고(시 9:17), 고통이 있는 곳이며(시 116:3, 눅 16:23), 가장 아래에 있는 곳이고(잠 15:24, 9:18), 일도 계획도 지식도 없는 곳이다(전 9:10). 욕망이 있는 곳이고(사 5:14, 합 2:5), 구더기, 지렁이가 있는 곳이다(사 14:11).

이곳은 반드시 '죽음'을 거쳐야만 갈 수 있는 곳인데 또 반드시 '사람이 어야만' 갈 수 있는 곳이다. 왜냐면 음부는 오직 죄에 대한 형벌의 장소 이기 때문이다.

동물도 식물도 죽음의 상태를 거치지만 음부는 오직 죄에 대한 형벌로 갈 수 있기 때문에 이곳에서 언급하는 사망은 사람에 관한 사망이라는 것을 알 수 있다. 따라서 계 6:8절에서 언급된 '죽이더라'는 오직 사람에 게만 해당되는 죽음이라는 것을 알 수 있다.

자, 이제부터 복음의 내용 중 가장 기초적이고도 중요한 부분을 이야 기해 보고자 한다. 이 설명은 '왜 사람에게 사망이 임하는가?'라는 질문 에서부터 시작한다. 이것을 다른 말로 표현해 보면 '마귀는 어떻게 죽음 의 세력을 잡았는가?'로 질문해 볼 수 있다(히 2:14).

히브리서의 말씀 2:14절의 '죽음의 세력을 잡은 마귀'라는 말씀 중 '세 력'은 '주관하는 권세'($\varepsilon\xi o\upsilon\sigma\iota\alpha$-exousia: authority, 권한, 권세)가 아닌 dominion 즉, '지배하고 집권하는 능력'이라는 뜻의 $\kappa\rho\alpha\tau o\varsigma$(kratos)를 사용한다.

이 말은 마귀가 어떤 사건이나 계기를 통해 죽음을 사용하는 능력을 가지게 된 것이지 그것을 창조했다거나 그것에 대한 권한은 없다는 뜻이다. 그렇다면 이것은 또 다른 질문으로 들어간다.

'죽음의 세력은 누구의 권한 아래 있는 것인가?'

계 1:18절에서는 사망과 음부의 열쇠를 가지신 분이 예수님이심을 예수님 스스로 천명하신다. 이 열쇠는 죽음에 대한 권세 곧, 권한이 그의 손아귀에 있다는 것을 의미한다. 예수님은 우리의 육체를 멸하는 자를 두려워하지 말고 능히 우리 영혼을 지옥에 멸하실 수 있는 이를 두려워하라고 말씀하신다(마 10:28).

이 구절은 사람이 죽고 난 후에 음부를 열어 영혼이 들어가게 하는 권한은 사단에게 있는 것이 아니라 하나님께 있음을 설명하신 말씀이다. 왜냐면 심판은 하나님의 손에 있기 때문이다. 그 권한을 이양받으신 분이 예수님이시라는 것을 기억하자.

만약 형벌을 줄 수 있는 권한이 그분에게 없다면 그는 심판하여 악인들에게 형벌을 받게 만들 수 없을 것이다. 이러한 개념은 사실 우리가 선하신 하나님에 대한 이미지를 훼손시키는 것과 같은 느낌이 들게 한다.

사망이란 원래 마귀의 것이어야 하는 것이 아닌가. 음부가 하나님에 의해 만들어지고 심지어 그의 권한 아래 있다는 것은 혹 우리가 믿는 하나님이 잔혹한 신이라는 것을 보여주는 것은 아닌가 하고 말이다.

이에 관하여 쉽게 이해를 해보자면 이와 같다. 법원 자체는 선한 기관이다. 그러나 법원은 죄인에게 반드시 그들의 죄에 상응하는 형벌을 선고해야만 한다. 또 어떤 때는 사형 선고를 내려야만 할 때가 있다.

그렇다면 그 사법기관은 악한 기관인가? 아니다. 사회의 질서를 위해서는 반드시 사법기관은 존재해야 한다. 따라서 제대로 된 사법기관은 인간의 사회에 매우 유익한 기관이며 사회의 질서 유지를 위해 반드시 필요로 하는 기관이다.

법원은 공정한 법으로서 죄인들의 죄를 가려내고 그에 상응하는 형벌을 내려야만 한다. 판사가 정죄의 기준으로 삼는 법은 그것으로 인해 어떤 무서운 결과가 도출된다고 해도 불의한 것이 아니다. 법은 선한 것이다. 그러나 법은 다만 정죄에서 그치면 안 된다.

사법기관은 반드시 법이라는 기준으로 죄인에게 형량을 선고해야 하고 그것을 실제 시행할 수 있어야 한다. 이것이 법이 가질 수 있는 공의의 완벽한 그림이라고 할 수 있다.

마찬가지로 하나님의 사법 기관은 그 어떤 사법 기관보다도 더욱 냉철하고 공정하고 무서워야 한다.

하나님의 보좌는 공의에 의해 세워지기 때문이다. 하나님의 사법기관이 말하는 공의는 한 마디로 '죄를 지으면 죽어야 한다'는 것을 법으로 정하고 있다. 이 때문에 음부가 필요한 것이고 음부로 가는 과정 중 하나인 사망이 필요한 것이다.

나는 음부가 언제부터 존재했었는지, 그 기원이 어디서부터였는지 알지 못한다. 다만 확실한 것은 음부란 죄의 결과로 나타난 형벌의 장소라는 사실이다.

모든 인류는 단 한 사람도 빠짐없이 하나님의 공정한 심판대 앞에 설 것이고 그 심판대에서 나타나는 판단에 따라 영원한 사망 곧, 음부로 갈지 하나님의 영원한 나라로 갈지가 결정될 것이다.

욕심이 잉태한즉 죄를 낳고 죄가 장성한즉 사망을 낳는다는 말씀이 알려주는 바와 같이 사망은 우리들의 죄로 인해 일어난 참혹한 결과다. 이 시점에서 기억해야 할 중요한 사실은 여기서 말하는 사망은 육체가 맞이하는 죽음이 아니라는 것이다. 이 사망은 영원한 멸망, 음부로 가는 영원한 죽음을 의미한다.

마귀는 처음부터 범죄 한 자라고 성경은 규정하고 있다(요일 3:8). 따라서 이들은 이미 사망에 속한 자들이다. 즉, 그들은 죽음을 관장하는 자들이 아니요 이미 죽음에 속한 존재들이라는 것을 기억해야 한다.

다시 말하지만 히 2:14절에서 말한바 마귀가 죽음의 세력을 잡았다고 하는 것은 그가 죽음을 관장하여 죽음에게 명령할 수 있는 권한이

(authority) 있다는 것을 의미하는 것이 아니다.

사람이 죽음을 맞이하고 영원한 죽음에 이르게 되는 형벌을 선고받았을 때 사람의 영혼을 음부로 끌고 갈 수 있는 능력이 마귀에게 있다는 것을 의미한다고 본다.

마귀가 인간이 죽은 후 그의 영혼을 자신이 받을 형벌에 함께 동참하는 자로 끌고 갈 수 있는 이유는 오직 인간이 하나님을 선택하지 않고 마귀를 선택한 것에서 비롯된다.

하나님이 관여하실 수 없는 유일한 영역이 인간의 선택에 의해 일어나는 시공간의 일이다. 하나님을 선택한 믿음이 구원을 얻게 하듯 하나님을 버린 불신이 마귀에 대한 믿음을 생성한다. 그의 잘못된 믿음의 선택은 곧바로 마귀가 받는 영원한 형벌의 장소로 가게 만든다.

하나님이 없는 인간은 마귀의 능력을 넘어설 수 없다. 히 2:14절은 우리가 죄를 품고 사망을 맞이하는 한 우리는 그 안에서 역사하는 음부의 힘을 이길 도리가 없다는 것을 말해준다. 이 때문에 우리는 복음의 능력을 믿어야만 한다.

복음의 능력이 아니고는 죄가 우리의 영혼을 음부로 끌어들이는 힘을 절대 이길 수 없기 때문이다. 이것이 복음이 가지고 있는 가장 중요하고 힘 있는 진리 중 하나다.

계 6:8절에서 말하는 죽음과 음부는 한 몸처럼 이동한다. 그들은 땅의 1/4의 권세(ἐξουσια-exousia: authority, 권한)를 누군가에게 허락을 받게 된다. 그 누군가가 누구일까. 이 누군가는 결코 마귀가 아니다.

다시 말하지만 마귀는 그 권세를 줄 수 있는 권한이 없다.

앞서 나온 흰 말 탄자나 붉은 말 탄자들이 아무리 지구상에 거하는 사람들 1/4을 죽이고자 해도 사람은 그 계획대로 완벽하게 그 수를 채워서 죽일 수 없다.

그 누구도 전쟁을 벌일지라도 그 사상자를 정확하게 계산해서 죽일 수 없다. 아무리 흉년이 들어도 그로 인해 죽는 사람들의 수를 재단해 죽게 할 수는 없다.

육체의 죽음은 그 사람의 생이 끝날 경계를 정하시는 하나님의 허락하에 일어난다. 전쟁이나 살인은 사람의 범죄로 인해 일어나지만, 그것이 죽음으로 가느냐 안 가느냐는 오로지 하나님의 허락이 있어야만 한다.

그러나 이조차도 나는 완벽하게 '이렇다'라고 결론 내릴 수 없다. 구원의 유무가 인간의 선택만도 하나님의 택하심만도 아닌 것처럼 인간의 멸망 유무도 오로지 인간의 선택에 의해서만 혹은 하나님의 의지에 의해서만 일어나는 일은 아닐 거라고 생각한다.

이것을 완벽히 이해하는 것은 불가능하다. 어쩌면 이는 하나님이 우리에게 보여주시는 예언일 수도 있고 혹은 그분의 권한이 정하시는 경계선일 수도 있다. 다만 우리가 아는 것은 하나님을 대적하는 무리들이 사람들을 죽이려고 한다는 사실과 그 악한 무리 그 너머에 하나님의 능력과 권한이 있다는 사실이다.

보편적으로 죽음은 모든 사람이 거쳐야 하는 삶의 마지막 과정이다. 누구나 다 맞이할 수밖에 없는 두려운 순간이다. 그러나 인간이 맞아야 할 가장 중요한 단계는 그다음이다. 하나님의 심판대에서 심판받고 난 후 음부로 가느냐, 영원한 하나님의 나라로 가느냐의 문제가 놓여 있는 것이다.

하나님의 심판대에서 정죄를 받는 것은 우리들의 삶 곳곳에 베여있는 죄 때문이다.

음부라는 세력은 그 심판대에서 내린 선고로 인해 인간의 영혼을 끌고 갈 힘이 생긴다. 율법이 있던 시대였든 없던 시대였든 사람이 그의 죄가 낳은 사망의 꼬리표를 달고 있는 한 음부로 끌려가는 일은 그 누구도 막을 수가 없다.

인류에게 죽음 1/4이 닥칠 수 있도록 문을 여시는 분은 오직 그 열쇠를 손에 쥐신 예수님분이다. 이 때문에 요한은 네 번째 말 탄자를 표현할 때 επανω(epano)를 사용한다. '그 위에', 'above', 'up of'라는 뜻의 전치사를 씀으로써 다른 말 탄자들과 차별화시키고 있다.

청황색 말은 앞서 말한 바와 같이 악인의 무리들을 의미한다고 설명했었다. 사망이라고 이름 한 자가 그 위에 군림하고 있다는 것은 멸망의 아들도, 그와 동조하는 세력들도, 전쟁을 벌이는 자들도 결코 하나님이 허락하신 권한을 넘어설 수 없다는 것을 보여준다.

사단에게 속한 무리들의 욕심은 모든 인류를 죽여서라도 자신의 욕망을 채우고 싶어 한다. 어쩌면 1/4이라는 경계는 더욱 잔혹하게 세상을 정복하려고 하는 그들의 욕망을 제한하는 선(line)인지도 모른다는 생각을 해 본다.

또 하나님은 이곳에 나오는 죽음이 어떤 종류의 사람들을 죽일지에 대한 경계를 정하시지 않았다. 아무리 권력을 잡은 자라고 할지라도 하나님이 그에게 죽음을 허락하시면 그는 음부로 끌려 들어가게 될 것이다.

여기서 기억해야 할 중요한 사실은 진정한 하나님의 교회는 이 죽음에 속할 수 없다는 것이다. 예수 그리스도의 의로우심을 입은 교회의 성도들은 음부로 끌려갈 수 없기 때문이다.

우리가 만약 하나님의 유일한 의로움이신 예수 그리스도를 믿음으로 택했다면 우리는 심판에서 이기고 긍휼을 얻어 그의 영원한 나라로 가게 될 것이다. 즉, 죽게 되더라도 여기서 말하는 음부가 따르는 사망의 세력에 속하지 않게 될 것이라는 뜻이다.

이 장면을 통해 우리가 확실히 새겨야 할 진리는 예수님은 구원자이신 동신에 심판자라는 점이다. 예수님은 교회를 위해 죽으시고 구원하시고 영원히 하나님의 자녀로 부르셔서 그의 영원한 나라에 들이시는 분이다. 그러나 그뿐 아니라 예수님은 영원한 형벌로 세상과 사람을 심판하실 수도 있는 분임을 두렵고 떨림으로 기억해야만 한다.

검, 흉년, 사망 그리고 땅의 짐승들

검, 흉년, 사망, 땅의 짐승들은 청황색 말 탄자가 사용하는 죽음의 도구들이다. 이 본문에서 네 가지의 도구들은 두 부분으로 나뉘는데 검과 흉년과 사망이 하나고 땅의 짐승들이 다른 하나라고 할 수 있다.

이것을 두 부분으로 나눈 이유는 검과 흉년과 사망이라는 단어들 앞에 놓인 전치사는 '~로', 'with'라는 의미의 εν(en)이 사용되었고 땅의 짐승들 앞에는 ὑπο(huipo)가 사용되었기 때문이다.

이 단어들은 문맥에 따라 여러 의미로 사용될 수 있지만 가장 기본적으로 εν은 '~안에', ὑπο는 '~아래'라는 위치를 나타내는 전치사들로 사용된다. 이 단어들을 직역하면 '검과 흉년과 사망 안에서', '땅의 짐승들 아래에서'라고 해석할 수 있다.

만약 말 탄자의 죽음의 도구 네 가지가 같은 방식으로 사용이 될 것이었다면 요한은 네 가지 도구 앞에 똑같은 전치사들을 사용했을 것이다. 그러나 땅의 짐승들이라는 단어 앞에만 ύπο를 사용했다.

이는 분명 다른 의미를 전달하기 위해서라는 추측을 해본다. 성경의 모든 말씀은 참이다. 따라서 단어 하나하나의 의미도 하나님의 진리 안에 속해 있고 이 진리를 설명하기 위한 장치인 것을 믿는다.

자, 그렇다면 왜 요한은 앞의 세 가지 도구를 나타내는 전치사와 뒤의 땅의 짐승들이라는 단어의 전치사를 다르게 사용한 것일까.

우선 '땅의 짐승들'이라는 존재에 대해 고민해 보자. 이들은 과연 어떤 존재들일까. 첫째로, 땅의 짐승들은 단순히 네 발로 걷는 땅의 짐승들을 의미할 수도 있다고 본다.

그러나 요한 계시록에서는 수많은 상징이 등장하고 있다. 특히나 짐승이라는 말은 이 계시록에서만 38번 사용되었다.

그리고 38번의 짐승들이라는 단어들은 각기 다른 존재들을 나타내고 있다. 이에 대하여 정리해 보면 아래와 같다.

계 6:8- 땅의 짐승들, 계 11:7- 무저갱에서 올라온 짐승, 계 13:1, 2, 3, 4, 17, 18, 14:9, 11, 15:2, 16:2, 10, 13, 17:13, 19:19, 20, 20:4, 10- 바다에서 올라온 짐승, 계 13:11, 12, 14, 15, 16:13- 땅에서 올라

온 짐승, 계 17:3, 7, 8, 11, 12, 16, 17- 여자가 앉은 짐승.

이 구절 중 사실 땅에서 네 발로 걸어 다니는 짐승을 뜻하는 구절은 6:8절을 제외하면 없다고 봐도 무방하다. 계속 강조하지만, 계시록은 구분, 구별이 뚜렷한 책이다. 이방과 유대, 교회와 교회 밖에 사람들, 하나님의 종들과 사단의 종들을 나타내는 단어들을 각기 다르게 쓰는 것은 이 존재들이 정확히 어떤 모습인지를 구별하기 위해서이다.

앞서 언급된 형상들도 마찬가지다. 인플레이션의 영향을 받는 자들은 '밀과 보리'로, 하나님의 교회 안에 속하여 그 영향을 받지 않는 자들은 '감람유와 포도주'로 상징함으로서 세상과 교회를 구분했다. 이러한 진영의 구분은 앞으로도 여러 형태로 나올 것이다. 한 부분 한 부분 잘 기억해두기를 바란다.

다시 돌아오면, 만약 계 6:8절의 땅의 짐승들을 그저 네 발로 걸어 다니는 짐승들로 해석을 하게 되면 이 단어들 앞에 사용된 전치사의 사용에 대한 쓰임이 어색해진다.

또 계시록 전체에 흐르고 있는 구분에 대한 이해가 이곳에서는 적용되지 않는 것도 어색해질 수 있다는 것이 나의 생각이다.

만일 어떤 책에서 '모자'라는 단어를 사용했을 때 그것이 그 책에서 특정한 의미를 전달하는 상징적 용어로 사용이 되었다면 이 단어는 책의 의도에 부합한 뜻으로 처음부터 끝까지 그 의미를 지니고 있어야 한다.

뜬금없이 다른 방향으로 그 의미가 사용된다면 그 책을 읽는 독자들이 모자에 대한 의미를 인지하는 데 있어 헷갈릴 수 있기 때문이다.

또한, 이 본문이 전달하고자 하는 바는 앞서 나온 세 번의 인봉 해제와 깊은 연관성이 있다. 멸망의 짐승의 출현이 전쟁으로 이어지고(흰 말), 그 전쟁의 실행자로 이어지고(붉은 말), 그 전쟁의 결과로 인플레이션이(검은 말) 일어나는 것이라면 당연히 네 번째 말 탄자로 인해 일어나는 일들도 그 연장선상에서 해석해야 한다.

게다가 네 번째 말은 청황색으로서 악한 무리들의 흥왕을 상징한다고 설명한 바 있다. 따라서 검과 흉년과 사망과 땅의 짐승들은 그들이 하는 일과 깊은 연관성을 지니고 있어야 한다.

여기서 말하는 악인의 무리들이 최고조에 달한 때는 다름 아닌 멸망의 짐승이 온 세상을 자신의 발아래 두었을 때일 것이다. 그 이야기를 계 13장, 14장, 17장에서 계속 언급하고 있고 이때 그를 지칭하는 단어가 짐승이라는 것을 볼 때 계 6:8절의 의미도 이와 같지 않을까 한다.

계 13장에 등장하는 짐승들은 하나가 아니다. 온 세상 위에 군림하여 신처럼 경배받을 멸망의 짐승이 하나요(바다에서 나온 짐승), 그를 우상화하기 위해 거짓 선지자로 활동하는 땅의 짐승이 하나다.

또한, 17장에 등장하는 여자가 앉은 붉은 색의 짐승도 짐승이라고 표현하고 있다. 이에 대해서는 뒤에 가서 설명하겠지만 이 짐승 또한 멸망의 짐승과 그에 동조하는 집권자들의 세력을 상징화한 짐승이라고 할수 있다.

계 6:8절의 짐승들이 계 13장의 짐승들이라고 해석하는 또 다른 근거는 다니엘서에 등장하는 제국의 집권자들도 짐승으로 상징화되어 나타난다는 것이다.

느부갓네살 왕은 독수리 날개가 달린 사자로, 메대 바사 제국은 곰이나 숫양으로, 알렉산더는 표범이나 숫염소로 상징화되었고, 마지막 로마제국과 그 연장선에 있는 세계는 표현할 수 없는 무서운 짐승으로 상징화되었다.

왜 하나님은 그런 존재들을 '짐승'으로 표현한 것일까. 하나님은 노아홍수 이전의 사람들에 대하여 '그들이 육신이 되었다'라고 표현하셨다.

사람의 마음을 받았으나 사람의 마음을 버리고 짐승처럼 살아가게 된사람들, 겉은 사람이지만 동물처럼 본능으로만 살아가게 된 그들을 두고 하신 말씀이었으리라고 생각한다.

느부갓네살이 교만해졌다가 하나님의 치심으로 7년 동안 짐승의 마음을 받아서 소처럼 살게 된 이후 그는 하나님의 통치하심을 깨닫고 그앞에 겸손해져 왕으로 돌아오게 된다. 이 과정을 그리고 있는 것이 다니엘의 또 다른 환상에 등장한다.

느부갓네살로 상징된 사자가 독수리의 날개를 받은 후에 그 날개가 뽑히고 나서 사람의 마음을 받는 장면이 환상으로 나타난다. 교만한 마음이 사라지고 하나님 앞에 겸손하게 된 그의 영적 상태를 하나님은 '사람의 마음을 받았다'고 표현하신 것이다.

이 때문에 나는 계 6:8절에 나오는 땅의 짐승들(복수)을 첫째 인봉 해제 때 나왔던 멸망의 짐승, 땅에서 올라온 거짓 선지자인 양의 모양을 한 짐승, 17장의 짐승들과 같은 존재로 보고 있다. 따라서 전치사 ὑπο는 검과 흉년과 사망이 땅 짐승들의 계략 아래 이뤄졌다는 것을 보여주는 것이 아닌가 한다.

또 요한은 굳이 그냥 짐승들이 아니라 της γης(tes ges)를 씀으로써 '땅'에 속한 짐승들이라는 것을 보여주고 있다. 이는 그들이 하늘에 속한 자들이 아니라 땅에 속한 자들임을 보여주기 위한 장치인 것 같다.

여기서 인지해야 할 중요한 이미지가 있다. '지구'(earth)는 바다와 땅을 포함하여 지칭하는 말이다. 이 지구를 계시록에서는 통상적으로 '땅'(earth, γης-ges)이라고 말한다.

바다에서 나온 멸망의 짐승이든 땅에서 올라온 거짓 선지자든 그들은 모두 '지구'라는 '땅'에서 활동하고 땅에 속한 짐승들이다.

이들이 계획한 전쟁은 검으로, 전쟁을 통해 일어나는 인플레이션은 흉년으로, 그로 인해 일어나는 살상들은 사망으로 정리하여 보여주고 있는 구절이 계 6:8절이다.

이 구절은 이 모든 재앙들이 모두 땅의 짐승들 즉, 멸망의 짐승과 그에 동조하는 짐승들의 야욕아래(ὑπο) 일어나는 일들이라는 것을 보여주고 있다.

짐승이 오직 본능적으로 먹이를 먹기 위해 살아가는 것처럼 이들도 오직 자신의 욕망을 채우기 위해 사람들을 삼킨다는 것을 단적으로 보여주는 단어가 짐승이라는 단어가 아닐까 한다.

그럼에도 하나님은 네 번째 말 탄자를 설명하는 전치사 επανω(epano)를 통해 그들에 대한 통제와 권한이 하나님께 있다는 것을 보여주신다. 만약 우리가 두려워해야 한다면 그것은 땅의 짐승들이 가지고 있는 세력이 아니라 그 너머에 계시는 하나님의 권세를 두려워해야 할 것이다. 이것이 우리가 여기서 봐야 할 가장 중요한 진리라고 믿는다.

네 번째

十 일곱 인봉
(seal) 이야기

03
Chapter

5, 6번째
인봉해제

1장

하나님의
메신저들

분명한 것은 악한 세력들은 사람을 죽일 수 있다는 점이다. 그들이 칼을 들어 사람의 목을 내리치면 죽는다. 하나님은 모든 사람이 선택하는 바를 막을 수가 없다.

이 때문에 하나님은 악한 이들의 소행도 매번 쫓아다니며 막지 않으신다. 그렇게 하실 수 없어서가 아니라 각 사람의 의지와 선택을 존중하시기 때문이다.

선악과를 먹은 이상 사람은 자신의 선택에 대한 책임을 지기로 결정했다. 악인들의 행위에는 반드시 대가가 따르겠지만 그 범죄 행위를 선택한 자체에 대해서는 하나님도 막지 않으신다.

아니, 막으려고 최선을 다하지만, 사람은 최선을 다해 자신의 욕망을 따라 결정할 뿐이다.

인간의 선택과 하나님의 선택이 서로 부딪혀 일어나는 전쟁의 역사는 체스판의 게임과 비슷하다. 사람들의 끔찍한 선택들은 비참한 역사를 만들어내고 잔인한 제국들을 생성해 냈지만 한 편으로 하나님은 그의 교회를 세우시고 언제나 승리하게 하셨다.

수없이 많은 믿음의 사람들이 순교 당했다. 이사야도, 예레미야도, 스데반 집사도, 예수님의 제자들도, 카타콤에 들어가 300년이나 버티던 사람들도 죽었지만, 그들은 세상이 어찌하지 못하는 불굴의 믿음을 소유한 사람들이었다. 육체는 죽으나 영혼은 영원한 영광의 나라에 들어가는 것을 믿고 기꺼이 죽임을 당하는 선택을 한 사람들이었다.

예수님이 말씀하시는 '이김'(victory)은 세상이 주는 두려움을 이기고 하나님의 영광을 바라보는 데서 온다. 그들은 과연 세상이 감당치 못할 사람들이었다.

그러나 어찌 됐든 그들은 악한 세력에 의해 죽임을 당한다. 이것은 앞으로 반드시 일어날 일이라는 것을 하나님은 요한을 통해 보여주신다. 여기서 내가 살펴보고 싶은 중요한 점은 **왜 하나님은 이러한 성도들의 죽음을 다섯 번째 인봉을 해제하면서 보여주시는가 하는 부분이다.**

인봉 해제는 앞서 말한 바와 같이 심판과 구원이 이러이러한 방법으로 일어난다는 방법론을 다루는 사건이다. 하나님의 심판이 일어나는데 그 원인과 과정과 방법이 무엇인가에 관한 설명이다.

그런데 성도들의 죽음이 과연 심판과 어떤 관계가 있다는 걸까. 그들의 피 흘림을 보며 이런 질문을 하게 된다. 왜 하나님을 하나님으로 섬기는 그들이 속수무책으로 당해야 하는가. 그들이 죽어서 영원한 영광을 얻는다는 것은 알겠는데 왜 그들은 멸망의 짐승의 세력에 그토록 잔인하게 당해야 하는가. 아마도 이러한 궁금증은 당시 도미티아누스 황제의 핍박을 받았던 교회들이 가지고 있었던 질문과 비슷할지도 모른다.

죽임을 당한 그들은 하나님 앞에 이렇게 탄원하고 있다. 그들은 큰 소리로 부르짖는다.

'거룩하고 참되신 대 주재여 땅에 거하는 자들을 심판하여 우리 피를 신원하여 주지 아니하시기를 어느 때까지 하시려나이까.'

그들은 탄원하고 있다. 자신들의 피를 흘리게 만든 '땅에 거하는 자들'을 고발하고 있다. 이것을 다른 관점으로 생각하면 땅에 거하는 자들은 성도들을 죽음에 이르게 할 만큼 괴롭게 했다는 것을 알 수 있다. 그 이유는 하나님의 말씀과 증거를 가졌기 때문이다(계 6:9).

이 두 진영(땅에 거하는 자들 vs 죽임을 당한 영혼들)을 놓고 관찰을 해보면 우리는 중요한 사실을 알 수 있다. 땅에 거하는 자들은 불의를 행했고 죄 가운데 있다는 것, 죽임을 당한 영혼들은 예수 그리스도의 의로움 가운데 있다는 것이다. 불의한 자들이 의로운 자들을 죽인 것이다.

성경 안에는 부르짖음에 관한 수많은 구절이 있다. 아벨의 피의 부르짖음, 출애굽 때 노예로 살았던 이스라엘의 부르짖음, 소돔과 고모라에서 고통받았던 자들의 부르짖음, 가난한 자들의 부르짖음, 고아와 과부의 부르짖음, 시편 기자의 부르짖음.

노예로 살았던 히브리인들의 부르짖음은 우리가 익히 알고 있는 바다. 당시 제국으로 우뚝 서 있었던 이집트는 노예라는 제도를 통해 엄청난 경제적 부를 축척하고 있었다.

노동을 값없이 쓸 수 있었던 그들은 노예를 통해 큰 건물을 건설했고 그를 통해 제국의 위엄을 보이고자 했다.

애굽인들은 혹독하게 노예를 다뤘다. 노예가 아들을 낳으면 죽이고 딸을 낳으면 살려뒀다. 그들의 잔인함이 여기까지 갔다면 평소 때 노예들을 얼마나 잔혹하게 다뤘는지 상상하지 않아도 알 수 있을 것이다.

하나님은 결국 이들의 부르짖음을 듣고 모세를 택하셔서 이스라엘을 구원하셨다.

소돔과 고모라의 경우를 보자. 하나님은 소돔과 고모라의 부르짖음을 듣고 그 부르짖음의 사실 여부를 확인하기 위해 강림하신다. 소돔과 고모라는 죄악의 도시였다. 왜 그곳에서 부르짖음이 들렸던 것일까.

하나님의 천사가 소돔과 고모라를 심판하기 위해 갔을 때 롯의 집에 머물러 있었다. 그때 소돔과 고모라에 있었던 사람들은 그와 성관계를 하겠다며 그 사람을 내놓으라고 요구했다.

소돔과 고모라에 처음 온 그 남자를 그들의 욕망의 도구로 사용하려고 했던 것을 보면 그들의 도덕적 개념이 얼마나 타락했는지를 가늠할 수 있다. 하나님이 들으신 부르짖음은 다름 아닌 그 욕망에 고통받았던 자들의 부르짖음이 아니었을까 한다.

우리는 두 사건을 통해 한 가지 공통점을 발견한다. 출애굽 때나 소돔과 고모라의 심판 때나 구원은 죄에 대한 심판에서 일어난다는 것이다.

하나님의 심판이 일어나는 이유는 죄악 때문이다. 심판으로 인한 멸망이 도래하는 시기가 오면 죄악은 극심해진다. 이러한 현상은 곧바로 약한 자들의 괴로움으로 이어진다. 의로운 자들에 대한 핍박으로 이어진다.

강한 자들은 더 강해지기 위해 약한 자들을 괴롭히고 악한 자들은 자신들의 악함을 가리기 위해 의로운 자들을 죽인다. 이것이 환란의 시기라는 것을 알 수 있는 가장 큰 특징이다. 이러한 예는 단지 성경에서만 이야기하고 있는 바가 아니다. 역사 속에서도 수없이 반복되어 일어난 일이다. 그리고 어김없이 그 나라나 제국들은 곧 멸망했다.

마지막 심판의 때도 마찬가지다. 멸망의 짐승이 일어나기 전엔 반드시 사랑이 식는 때가 도래할 것이다. 사람들의 마음은 점점 더 강퍅해지고 불의함이 오히려 더 멋지고 '쿨'한 것으로 인식될 것이다. 멸망의 짐승이 온 세상 위에 군림할 수 있는 가장 좋은 환경이 조성되는 것이다.

멸망의 짐승도, 그를 세우는 용(dragon)인 사단도 결코 사람들의 동의 없이 그들을 자신의 나라에 들이지 않는다. 멸망의 짐승을 자신들의 왕으로 세우는 데 기꺼이 찬성하는 이유는 그가 자신들의 욕망을 채우게 해줄 수 있을 것만 같은 존재라고 생각하기 때문이다. 그들의 동의는 착각에서 비롯되지만, 그 착각을 품게 만든 동기는 '악'이다.

연약한 사람이든, 강한 사람이든, 부자이든, 가난하든, 자주자이든 종이든 예수 그리스도의 의로움이 없이는 그 누구도 하나님의 심판의 벽을 넘을 수 없다. 아무리 의롭다고 자부하는 자들도 행위로는 예수 그리스도의 의로움이라는 완전함에 이를 수 없다.

환란이 임박한 세상에서 불의함은 불의한 자들의 양식이다. 불의한 자들이 득세하는 때에 하나님의 말씀을 가지고 그 증거를 가진 자들만큼 그들의 세력을 위협하는 세력은 없다. 바리새인들이나 로마 제국이 그리스도와 그리스도인들을 죽이려고 했던 이유는 그들을 악하다고 말씀하신 진리 때문이었다.

마찬가지로 마지막 때에도 세상은 그리스도인들이 드러내는 의로움

즉, 하나님의 말씀과 증거를 견디지 못할 것이다.

출애굽 때에 모세의 말이 애굽인들에게 두려움을 가져다준 것과 같이 하나님을 믿는 성도들의 존재는 멸망의 짐승의 집권에 치명적인 장애물이다.

그럼에도 불구하고 하나님은 악한 나라를 치실 때 신중을 기하신다. 악인이라고 할지라도 하나님은 그들이 죽는 것을 기뻐하시지 않는다. 하나님은 기다리신다. 그 기다리심 안에서 성도들 또한 참고 인내해야 한다는 것을 하나님은 이 구절을 통해 보여주신다.

하나님은 아브라함에게 이스라엘 백성들이 사대 만에 가나안 땅으로 다시 돌아올 것을 예언하신다.

그 이유는 아모리 족속의 죄악이 아직 관영하지 않았기 때문이라고 말씀하신다. 하나님은 아모리 족속을 기다리고 계셨다. 그들의 죄가 그 땅에 차올랐을 때 비로소 이스라엘이 그들의 땅을 점령할 수 있도록 허락하신다.

이스라엘이 하나님의 심판의 도구가 된 것이다. 그러나 그때까지 하나님도, 이스라엘도 기다려야 했다.

하나님은 한 민족이 죽는 것뿐 아니라 한 사람이 죽는 것도 기뻐하지 않는다. 그것이 육체의 죽음이라고 할지라도 살육이 일어나는 것을 괴로워하신다. 니느웨 성으로 요나를 보낸 하나님의 심정이 이와 같았을 것이라고 생각한다.

하나님의 심판은 이스라엘이든 이방이든 그들이 누구든 간에 무조건 불의한 자들에게 임한다. 의로운 자들이 의로울 수 있는 것은 불의한 자들과 같이 행동하지 않기 때문이다. 이러한 결정을 우리는 믿음이라고 말한다. 아벨이 가인보다 끝까지 의로울 수 있었던 것은 가인의 살해 시도에 반격하지 않았기 때문이다.

만약 그가 가인의 살해 시도에 반격하여 오히려 그를 치고 죽였다면 아벨은 하나님 앞에 의인으로 인식되지 않았을 것이다. 그는 불의함을 당하고 있다는 것을 알았지만 그 불의함에 동참하지 않는 선택을 한 것이다.

그러나 이러한 행위의 선택만으로는 '온전한' 의로움으로 우리를 이끌어주지 못한다. 영원한 사망이 우리를 비껴갈 수 있게 만드는 유일한 방법은 오직 예수 그리스도의 의로움을 믿고 그 믿음으로 살아가며 성령이 우리 안에 거하는 증거를 가지고 있는 것뿐이다. 아벨도 그리스도의 형상을 보고 믿음으로 의로움을 얻은 사람이었으리라 믿는다.

하나님을 믿는 믿음의 원천은 예수 그리스도다. 유다 지파의 사자요 다윗의 뿌리이신 그분은 창세 전부터 계셨고 믿음을 가진 자들의 영에 역사하셨다.

우리는 이 실체를 다 알 수는 없다. 나도 이 영역에 대하여 다 설명할 수 없다. 그러나 최소한 믿음은 예수님의 것이고 그가 믿음의 주관자라는 사실은 알고 있다. 따라서 믿음으로 제사를 드렸던 아벨도 예수님의 믿음을 따른 믿음의 사람이라는 것은 분명하다고 말할 수 있다.

처음 질문으로 돌아가 보자. 왜 하나님은 심판의 방법인 인봉 해제 때에 죽임을 당한 영혼들을 보여주시는가. 그것은 하나님의 말씀과 증거가 마지막 때에 그들을 통해 나타났기 때문이다. 1장에서 나왔던 예수님의 음성인 나팔소리는 두 가지를 의미한다고 설명했었다.

하나는 우리가 영적인 전쟁과 마지막 거시적인 전쟁에 임해야 한다는 것을 상징하고 다른 하나는 마지막 때의 교회가 담당할 역할인 나팔수, 파수꾼을 상징한다.

우리는 파수꾼이다. 교회는 마지막 때에 그저 환란을 바라보며 서 있기만 한 자들이 아니다. 하나님의 말씀과 증거를 가지고 환란과 멸망이 임박한 자들에게 경고해야만 한다.

예레미야가 죽은 이유, 이사야가 죽은 이유는 강퍅해진 이스라엘에게 하나님의 말씀을 증언했기 때문이다. 하나님의 말씀을 대언하고 심판이 어떻게 다가올지 선포했기 때문이다. 당시 이스라엘은 그들의 하는 말 때문에 그 선지자들을 극렬히 증오했다.

죄로 강퍅해진 이스라엘은 진리를 싫어했고 하나님을 미워했다. 그들의 피가 땅에 쏟아진 이유는 하나님의 말씀으로 이스라엘의 죄악을 드러내고 그에 대한 하나님의 심판에 대해 경고했기 때문이다.

여기 6장에 나온 죽임을 당한 영혼들도 하나님의 말씀과 증거 때문에 죽임을 당했다. 계시록은 성령을 때론 대언의 영이라고 표현하기도 한다 (계 19:10). 하나님의 성령이라는 증거가 있는 한 성도들은 그저 가만히 앉아 마지막 때를 관람하지 못한다.

하나님의 말씀을 그들의 입술로 대언하게 하신다. 악한 자들이라고 할지라도 하나님의 경고를 듣게 하는 것이다.

11장에 나오는 두 증인이 대표적인 인물들이라고 할 수 있다. 그들은 하나님의 말씀을 증언하는 사람들이었다. 이 때문에 그들은 모든 세상이 증오하는 존재들로 낙인찍혔다. 그들의 시체가 거리에 널브러져 있도록 내버려 두고 심지어 그들의 죽음을 경축하면서 나라와 나라가 선물을 교환하기도 한다.

하나님은 멸망의 짐승이 집권하도록 허락하시고 그가 계획하는 전쟁과 기근과 멍에를 심판의 도구로 사용하시지만 동시에 그의 교회로 하여금 그의 심판을 세상에 외치게 하신다. 교회는 세상의 세력을 단순히

피하기만 하는 수동적인 존재가 아니라 하나님의 힘으로 움직이는 능동적인 말씀의 대언자들이다.

하나님은 교회가 말하는 대로 심판이 일어나게 하실 것이다. 성도가 하나님의 말씀을 대언하는 그대로 땅에 일어나게 하실 것이다.

모세가 하나님의 말씀을 대언하여 10가지 재앙을 일으킨 것과 같이 하나님은 그의 성도들을 사용하실 것이다. 그리고 진정한 영적 이스라엘은 하나님의 나라로 출애굽 할 것이다.

그러나 이제 마지막 때 성도들의 최종 가나안은 이 땅이 아닐 것이다. 구 세상이 끝나고 새로운 하나님의 나라가 영원히 도래할 것이다.

가나안 땅이라는 그림자는 사라지고 진짜 젖과 꿀이 흐르는 예수 그리스도의 나라가 우리들의 약속의 땅이 될 것이다. 제단 앞 교회는 그 약속의 땅을 기다리는 자들이 될 것이다.

제단 앞 교회의 죽음은 단지 세상의 권력에 당한 처참하고 억울한 죽음이 아니다. 그들은 하나님의 말씀과 증거를 가지고 영적 전쟁을 하다가 믿음으로 이긴 자들이다.

주의 나라에 입성한 사람들이다. 그들이 죽으면서까지 외친 하나님의 말씀과 증거는 하나님이 말씀하시는 대로 이뤄지는 심판의 가장 중요한 통로가 될 것이다.

하나님은 예수 그리스도를 통해 이러한 말씀의 힘과 권능의 열쇠를 우리에게 주셨음을 기억해야 한다. 우리는 하늘과 땅의 권세를 받으신 예수 그리스도의 권세로 행하는 사람들이라는 것을 잊지 말아야 한다.

언제나 염두 해야 할 것은 '우리는 육체 안에 있는 한 언제고 불의를 행할 수 있는 존재'라는 점이다. 저들이 행하는 불의만 불의가 아니라 나도 '성령의 음성에 따르지 않는다면' 저들처럼 불의한 자가 될 수 있다는 것을 명심해야 한다.

사명받은 자들일수록 더더욱 경계하여 예수 그리스도의 의로우심에 동참하기를 힘써야 한다. 성령께 의지해야만 한다. 성령을 소멸치 말아야 한다.

나는 두렵다. 환란이 두렵다. 과연 우리들의 선진들과 같이 죽음이 닥칠지라도 세상을 향해 믿음으로 하나님의 말씀을 선포할 수 있을지 두렵다. 그러나 나는 동시에 두려워하지 않는다. 그때가 되면 하나님의 성령은 우리를 붙드실 것이다. 그 어떤 고난과 핍박도 하나님의 말씀이 튀어나오는 입을 막지 못할 것이다.

그래서 세상은 그때가 되면 성도들을 무서워하게 될 것이다. 그들이 성도들과 교회를 핍박하는 이유는 하나님이 무섭기 때문이다. 또 동시에 하나님을 두려워하지 않기 때문이다. 사람의 영광을 하나님의 영광보다 더 사랑하기 때문이며 빛보다 어둠을 더 사랑하기 때문이다.

당장에 보이는 죽음이 보이지 않는 죽음보다 더 무섭게 느껴지기 때문이다. 성도들을 죽이려는 마귀는 하나님을 무서워한다. 그 때문에 성도를 죽이려 든다.

앞으로 땅에 거하는 자들을 움직이는 땅의 영들, 옛 뱀이자 사단, 그를 추종하는 영들은 자신들의 마지막이 임박한 줄 알고 두려워 날뛰게될 것이다.

그때 그들은 육체의 죽음에 대한 공포를 온 세상에 퍼트릴 것이다. 그러나 하나님의 진정한 교회는 그것을 두려워하지 않고 옳은 행실로 삶을채우고 하나님의 말씀을 증언하며 살게 될 것이다.

결국, 사단의 칼날에 죽겠지만 영원한 하나님의 나라에 가서 쉬게 될것이다. 하나님은 이러한 일에 대해 다섯 번째 인을 통해 보여주고 계신다.

심판은 하나님의 의로우심을 믿는 의로운 자들을 통해 이뤄진다는 것을 보여주신다. 다섯째 인봉 해제에 나오는 제단 아래 영혼들은 하나님의 심판을 대언하는 중요한 도구라고 할 수 있을 것이다.

제단 아래 있는 자들

죽임을 당한 영혼들은 사실 죽은 '상태'가 아니다. 그들은 살아있다. 육체는 죽었을지라도 영혼은 살아 지금은 쉬고 있는 상태다(계 6:11).

예수님은 그들에게 흰 두루마기를 주시면서 잠시동안 쉬고 있으라고 말씀하신다.

여기서 알 수 있는 사실은 그들의 옳은 행위들은 모두 예수님이 주신 것이라는 사실이다. 반복해서 설명하지만, 흰 두루마기(겉옷)는 성도들의 옳은 행실을 의미한다.

그들이 생에서 보여줬던 옳은 행실 즉, 의로움은 그들이 '택한' 예수님의 의로움이다.

예수님이 그들에게 흰 두루마기를 주었다는 것은 그들의 의로움이 그들에게서부터 오지 않았다는 것을 보여준다.

그들이 행한 모든 옳은 행위들은 근본적으로 예수님의 의로움으로부터 비롯되었고 그것들이 파생되어 그들의 삶을 통해 드러난 것이다. 그들은 오직 예수님의 의로움을 믿었고 그로 인해 승리했다.

그들은 죽어서 하나님의 생명의 나라로 갔다. 그런데 그들의 죽음은 여느 사람들과 같지 않다. 그들은 제단 아래에서 예수님께 탄원하고 있다. 제단 아래에 있다는 이 사실이 의미하는 바는 무엇인가. 또 제단은 어떠한 제단을 의미하는가.

성경에서 제단은 두 가지다. 하나는 지성소 앞에 놓인 향단이고 다른 하나는 성막 앞에 놓인 놋 제단 즉, 제물을 희생하여 피를 쏟고 태우는 제단이다.

제물을 죽인 후에 제사장은 그 제물의 피를 제단 아래 쏟는다(레 4:25). 따라서 이곳에서 말하는 제단은 성막 앞의 놋 제단을 의미할 가능성이 크다.

이 때문에 죽임을 당한 영혼들의 죽음은 단순사가 아닌 제물로 드려진 양들과 같이 죽었다는 것을 알 수 있다. 성경은 이와 같은 자들을 향기로운 제물로, 산제사로 비유한다. 하나님의 말씀과 증거를 세상에 흘려보낸 의로운 자들이며 흠 없는 제물로 살다가 죽은 자들이다.

이 구절에서 알 수 있는 또 다른 사실은 피를 쏟은 그들은 예수님의 의로움으로 흰 두루마기를 입게 되었으나 그들을 죽인 세상의 불의한 자들은 의로움을 입지 못했다는 점이다. 아벨은 의롭고 가인은 불의한 것과 같다.

그러나 실제로는 그들을 죽인 세상의 악한 이들이 승리한 것처럼 보인다. 아직 세상에 하나님의 공의가 다 드러나지 않았기 때문이다. 만약 하나님의 공의가 그들을 영원히 벌하지 않는다면 어떨까.

죽임당한 영혼들만큼 어리석은 자들이 없을 것이다. 하나님의 진영을 택하고 예수님의 의로움을 목숨처럼 여긴 그들의 신념은 어리석은 결정처럼 보일 것이다.

하나님의 공의가 나타나는 날은 죽임을 당했던 영혼들에게는 복수의 날이 될 것이다. 이는 통쾌한 표현이다. 실제 이곳에서 쓰는 '신원하다'에 해당하는 헬라어는 ἐκδικέω(adikeo)로 복수하다, revenge, avenge라는 뜻을 가지고 있다. 하나님은 그의 자녀들을 죽인 자들을 용서하지 않을 것이고 반드시 복수하실 것이다.

원수를 갚는 것은 하나님에게 있다(롬 12:19). 이렇게 하나님이 원수를 갚도록 하는 것은 예수님의 의로움을 입은 우리들도 혹여 불의함에 빠지지 않을까 하는 염려 때문이다.

완벽한 공의의 실현은 오직 그에 합당한 분노 즉, 죄에 대하여 갚는 것이 완벽하게 어느 정도인지를 아는 자만 할 수 있다.

이는 이로, 피는 피로 갚는 것이 과연 얼마나 정확하게 그만큼만 갚을 수 있는지 아는 자만 공정하게 갚을 수 있다. 이러한 판단과 형벌은 오직 하나님만 하실 수 있다. 사람은 그 정도를 가늠할 수 없다. 따라서 공정한 형벌과 복수도 사람이 할 수 있는 일이 아니다.

사람들은 질문할 수 있을 것이다. 어떻게 사랑의 하나님이 복수할 수 있느냐고 말이다. 그러나 만약 자기 자녀를 잔인하게 죽인 자들에게 분노하지 않는다면 그는 아버지가 아닐 것이다. 테이큰이라는 영화를 보면 한 아버지는 자기 딸을 납치해간 인신매매 조직을 무참히 휘젓는다.

아버지는 잔인하다. 그가 잔인해도 괜찮은 이유는 자신의 딸을 되찾아 오려는 공의로운 명분 때문이다. 우리는 영화를 보며 그러한 행위가 정당하다고 느낀다.

아버지는 마땅히 분노해야만 한다. 만약 거기서 분노하지 않는다면 그는 딸을 다시 찾을 수 없을 것이다. 이 분노가 그의 최대치의 능력을 발휘하게 만든다. 또한, 딸을 다시 찾더라도 그들에게 곧바로 용서해주겠다고 한다면 우리는 그의 처사에 대해 분노하게 될 것이다.

상대는 자기 딸을 납치해 창녀로 팔거나 늙은 부자에게 팔아넘기려 했던 사람이다. 그를 아무런 대가도 치르지 않게 하고 무작정 용서한다면 우리는 오히려 아버지라는 사람의 자질에 대해 의문을 품게 될 것이다.

심판의 날은 아버지이신 하나님이 그의 자녀들을 죽게 만든 것에 대한 분노가 이는 날이다. 하나님은 아무 때나 분노하시지 않는다. 심판이 왔다는 것은 악한 존재들에게 더 이상 기회가 없다는 것을 의미한다.

그의 자녀를 죽인 자들에 대한 진정한 복수가 실행된다는 것을 뜻한다. 하나님의 공의가 그 힘을 발휘하고 재판에서 내린 결론이 실제 형벌로 간다는 것을 의미한다.

여기서 죽임을 당한 영혼들이 복수해 달라고 말하는 상대는 땅에 거하는 자들이다. 땅에 거하는 자들은 단지 사람들을 두고 하는 말이 아닐 것이다.

앞서 말한 바와 같이 세상은 보이는 세계와 보이지 않는 세계로 나뉜다. 보이는 세계에서 직접적으로 그들에게 해를 가하는 존재들은 사람들일지라도 보이지 않는 세계에서 그 사람들을 조종하는 존재들은 사단의 악한 영들이다. 사단에게 동조하여 사단의 진영에 서 있던 자들은 사단에게 내려질 재앙에 동참하게 될 것이다. 이것이 죄에 대한 대가이며 죄를 선택한 책임이다.

죽임을 당한 영혼들은 하나님을 '대주재'라고 부른다. 헬라어로 δεσποτης(despotes)라고 하는데 이 말은 master, 주인이라는 뜻이다. 제단 아래에서 탄원하고 있는 그들은 하나님을 주인으로 섬겼던 그의 종들이다.

그들이 사는 동안 하나님이 말씀하시는 대로 살아간 자들이었다. 하나님의 말씀을 증거하고 그가 원하시는 대로 살다가 죽임을 당했던 종들이었다.

이는 그들이 삶 전체를 걸고 하나님을 믿었다는 것을 의미한다. 삶의 모든 순간을 하나님 앞에 드릴 만큼 하나님의 말씀을 전적으로 믿었던 자들이다.

이렇게 할 수 있었던 건 그들이 후에 얻을 영광을 바라봤기 때문이다. 예수님이 기꺼이 십자가의 제물로 돌아가신 것처럼 그들도 예수님을 따라 산 제물로 자신의 삶을 드린 것이다.

예수님은 그가 왕권을 가지고 세상에 다시 오면 그를 반대했던 모든 무리들에게 형벌을 내리시겠다고 단언하셨다. 우리는 하나님이 사랑과 포용의 하나님이라고만 생각해서는 안 된다. 아니, 사랑하기에 분노할 수 있다.

사랑하는 자들을 미혹하고 죽음으로 내몬 대가, 그 미혹에 자신의 삶을 내어준 선택의 대가가 바로 하나님의 분노다. 그의 분노는 지옥의 불과 같이 무섭고 두려운 것임을 기억해야 한다.

그 두려움이 당장에 나타나지 않음으로 인해 오는 하나님에 대한 오해는 그가 모든 죄를 그냥 가벼이 용서하실 것이라는 착각에 관한 것이다. 그는 반드시 심판하실 것이며 반드시 그 공의를 온 세상에, 온 우주에 드러내실 것이다. 이로 인해 그의 보좌는 견고해질 것이다.

우리의 아버지는 테이큰에 나왔던 아버지보다 훨씬 더 무서운 아버지다.

그의 힘은 누구도 능가하지 못하고 감히 대항할 수 없는 전능한 것이다.

죽임을 당했던 영혼들은 이러한 하나님의 권능을 믿었다. 하나님은 그들의 순종에 대하여 상급을 주실 분이기도 하지만 언젠가 무섭고도 잔혹한 복수를 해주실 분이기도 하다는 것을 그들은 믿었다.

또한, 하나님은 이들의 삶 전부를 통해 세상에게 기회를 주셨다. 그들이 증거하는 하나님의 말씀은, 하나님이 하나님이심을 보여준다. 세상은 죄를 사랑한다.

선한 양심을 버리고 악한 것에 단련이 된 세상의 강퍅한 마음이 하나님의 말씀을 전하는 자들을 죽음까지 내몰았다.

하나님이 그의 종들이 죽기까지 자신의 십자가를 지게 하시는 것은 궁극적으로 끝까지 세상을 사랑하셨기 때문이다. 그 사랑을 아는 자들만이 세상을 향해 외치다가 죽을 수 있다. 그 외침은 예수 그리스도의 사랑에서 비롯되었다. 심판 중에도 하나님은 그의 사랑을 내비치신 것이다.

하나님이 행하시는 심판의 가장 큰 방법은 그의 종들을 통해 그의 사랑을 보이시고 기회를 주시는 것이다. 하나님을 선택할 기회, 그 마음을 돌이켜 회개할 기회를 주고자 하신다.

또한, 세상은 하나님의 사람들을 무서워해야 할 것이다. 그들의 입술로 대언된 그 말이 그대로 세상에 일어날 것이기 때문이다. 애굽에 있었던 술사들이 바로 왕에게 이렇게 말한다.

왕이시여 왕은 이 나라가 이미 망한 것을 알지 못하나이까.

그들은 모세의 입에서 나오는 말을 무서워했다. 그들이 섬겼던 어떤 신보다 히브리 백성의 신이 강하다는 것을 애굽인들은 보고 체험한 것이다.

다섯 번째 인봉 해제를 볼 때 우리는 이러한 그림을 머릿속으로 그릴 수 있다. 하나님의 성도들이 세상을 두려워해야 하는 것이 아니라 세상이 성도들을 두려워해야 한다.

출애굽 때 일어났던 그 일이 이제는 전 세계적으로 하나님의 성도들을 통해 일어나게 될 것이다. 하나님은 우리들의 입술의 증거로 세상에 기회를 제공할 것이다.

그러나 이 과정에서 성도들의 권세가 깨어질 것이다. 사단은 자신들에게 허락된 그때를 이용해 하나님의 교회를 무자비하게 파괴할 것이다. 그들이 하는 말을 용납하지 않고 귀를 막으며 교회를 핍박할 것이다. 하나님을 믿는 성도들은 그 핍박에 목숨을 잃게 될 것이다.

불의함을 불의함으로 갚지 않고 피 흘리며 죽어갈 때 하나님은 그들의 입술을 통해 마지막 경고를 날릴 것이다.

성도들의 출애굽 통로가 세상에게는 죽음이 될 것이다. 마지막 회개의 기회를 세상에 외치는 동시에 그들은 하나님의 약속의 땅으로 들어가 쉼을 얻는 것이다.

하나님의 분노는 반드시 모든 악을 태울 것이다. 그 악에 동참한 모든 이들을 태울 것이다. 우리가 진정으로 두려워해야 할 존재는 우리의 육체를 죽이는 존재가 아니라 육체와 영혼까지 영원한 음부로 넣을 수 있는 권한을 가진 하나님이시다.

오직 하나님의 의로움이신 예수 그리스도를 택한 사람들만이 그의 영원한 약속의 땅에서 영원히 깨어 살아가게 될 것이다.

2장

여섯 째
인봉 해제

환란 후

우리는 이 시점에서 예수님이 복음서에 말씀하셨던 마지막 때의 일들에 대해 살펴볼 필요가 있다. 그의 예언은 매우 중요하다.

왜냐면 훗날 직접 심판을 지휘하실 예수님의 입에서 나온 말씀이기 때문이다. 따라서 그가 하신 말씀들은 계시록에서 예언했던 기록들과 매우 흡사하다. 나는 지금 그 말씀들을 살펴보고자 한다.

예수님이 언급하신 마지막 때의 일들은 요한복음을 뺀 나머지 세 복음서에 모두 기록되어 있다. 이는 그만큼 마지막 때 일어날 일들을 아는 것이 우리들에게 중요하기 때문이라고 생각한다.

성경에 반복적으로 같은 내용들이 등장했다는 것은 교회가 꼭 알아야 할 진리라는 뜻이다.

나는 다음과 같이 세 복음서에 나오는 일들을 살펴봤다.

	마 24:4~51	막 13:5~37	눅 21:8~36
아직 끝이 아닌 때	미혹이 일어남, 난리와 소문이 있음	미혹이 일어남, 난리와 소문이 있음	미혹이 일어남, 난리와 소요의 소문이 있음

재난의 시작	민족과 나라들이 서로 대치, 성도들이 미움을 받음, 죄악이 가득함, 거짓 선지자가 일어남, 불법이 성하고 사랑이 식음, 천국 복음이 온 땅에 전파	민족과 나라가 서로 대치, 곳곳에 지진과 기근이 있음, 성도들을 공회에 넘겨주고 매질함, 복음이 만국에 전파됨, 가족이 서로 넘겨줌, 성도들이 미움을 받음	예수 이름으로 성도들이 핍박을 당함, 가족들이 성도들을 넘겨주고 몇을 죽이게 함
			민족과 나라가 서로 대치, 곳곳에 지진과 기근이 일어남, 무서운 일과 하늘로부터 큰 징조가 있음
멸망이 가까움, 징벌의 날, 환란의 때	멸망의 가증한 것이 거룩한 곳에 섬, 큰 환란이 일어남, 거짓 선지자들이 표적과 기사를 보임, 주검이 있는 곳에 독수리들이 모임	멸망의 가증한 것이 거룩한 곳에 섬, 창조 이래로 가장 큰 환란이 있음, 거짓 그리스도와 거짓 선지자들이 일어나 사람들을 미혹함	예루살렘에 군대가 에워쌈, 기록된 모든 것이 이뤄지는 날, 땅에 큰 환란과 백성에게 진노가 있음, 이방인의 때가 차기까지 짓밟힘
환란 후	즉시 해가 어두워지고 달이 빛을 잃음, 별들이 하늘에서 떨어짐	해가 어두워지고 달이 빛을 잃고 별들이 하늘에서 떨어짐	사람들이 세상에 임할 일을 생각하고 기절함, 일월성신에 징조, 바다와 파도와 성난 소리로 곤고함, 하늘의 권능들이 흔들림

위 도표를 보면 예수님은 마지막 때에 관하여 그 시기들을 나누셨다는 것을 알 수 있다. 이를 간단히 하면,

아직 끝이 아닌 때-〉 재난의 시작-〉 끝의 시작, 환란의 때-〉 환란 후로

나뉜다.

아직 끝은 아니지만, 끝이 다가오고 있다는 증거는 거짓 그리스도들이 일어나고, 온 세상에 난리와 소문이 있다는 점이다. 그러나 끝은 다가오고 있다는 것을 주님은 말씀하신다. 이제 재난이 시작되는데 여기서 사용되는 ὠδιν(오딘)이라는 단어는 아이 밴 여인이 막 산통을 시작한 그때-travail을 의미한다.

즉, 여기서 예수님이 언급하시는 재난은 산통을 의미하며 여기에 αρχη(arke)를 덧붙여 극에 달한 산통이 아니라 산통이 시작된 시기를 지칭한다.

여인의 산통이 시작되는 이유는 이제 곧 아기가 나올 것이기 때문이다. 이것은 비유로 아기가 나오는 때는 세상이 완전히 멸망에 들어갔을 때를 의미한다.

그러므로 이때는 아직 멸망의 때가 아닌 멸망의 때로 들어가기 전을 의미할 것이다. '재난의 시작'은 멸망이라는 실체가 나오기 전의 혼돈스러운 시대를, 그중에서도 그 혼돈이 시작되는 시기를 의미한다고 본다.

이때 민족과 민족이 서로 대립하고 나라와 나라들이 대립하는 일들이 일어나게 될 것임을 주님은 말씀하신다. 사람들의 사랑이 식고 불법이 성행하고 성도들이 핍박받게 된다.

또한, 성도들이 회당과 감옥에 넘겨지게 되는데 심지어 가족들도 그들이 자신의 가족임에도 불구하고 예수 그리스도를 증거한다는 이유로 고발하여 넘겨주는 일들이 일어난다.

거짓 선지자들이 많이 일어나서 많은 이들이 미혹에 빠지게 되고 곳곳에 지진과 기근이 일어나고 전염병이 번진다. 그러나 그 와중에도 천국 복음이 온 세상 끝까지 전파된다.

이 일 후에 창세 이래 가장 큰 환란의 때가 도래한다. 이때가 바로 진통의 끝자락이라고 할 수 있다. 적그리스도의 때, 거짓 선지자들의 때, 성도들의 권세가 완전히 깨어지는 때가 바로 이때다.

멸망의 가증한 것이 거룩한 곳에 서는 때이고 예루살렘이 군대에 둘러싸이는 때다. 예수님은 예루살렘이 이방인들의 때가 차기까지 짓밟히게 될 것이라고 예언하신다. 거짓 선지자들은 기사와 이적을 행하여 할 수만 있다면 택하신 자들을 미혹하려고 할 것이라고도 경고하셨다.

이때 멸망의 짐승과 그를 지지하는 무리들은 성도들과 싸워서 이기게 되는 잠깐의 승리를 만끽하게 될 것이다(계 13:7). 그러나 예수님은 반드시 하나님을 대적하고 성도들을 죽음으로 몰아넣었던 자들을 심판하러 오실 것이다.

예수님은 해가 어두워지고, 달이 빛을 내지 않고 별들이 하늘에서 떨어지는 일들이 환란 후에 일어나게 될 것임을 말씀하신다. 그리고 예수님 자신이 하늘로부터 나타나실 것임을 예언하신다.

각 복음서가 지칭하는 시기가 약간의 차이가 있어 이 일이 정확하게 어느 때 일어날 것이라고 말할 수는 없다. 그러나 확실한 것은 하늘의 광명이 사라지면 사람은 그 어느 것도 땅 위에서 행할 수 없다는 점이다.

광명이 사라진다는 것은 시간이 사라진다는 것을 의미한다. 그뿐 아니라 지구라는 우주의 행성을 유지하고 있던 모든 기축이 무너진다는 것을 의미한다.

이 일이 일어난 후에 사람들이 굴이나 산속에 숨어서 어린 양의 진노에서부터 '우리를 가리우라'고 말하는 것을 보면 그 현상의 심각성이 얼마나 놀랍고 무서운 것인가를 짐작할 수 있다. 그러한 일이 일어나고 난후 세상의 모든 사람들은 하나님을 대적하기는커녕 아무것도 할 수 없는 상황에 빠지고 마는 것이다.

이러한 현상이 나타나는 것을 볼때 해와 달이 그 기능을 하지 못하고 별들이 떨어지는 일들은 아무래도 환란 이후 예수님이 오시기 전 혹은 동시에 그 일이 일어나거나 그 후의 상황이 아닐까 한다.

마지막의 징조들

　멸망의 짐승의 출현, 그가 의도한 전쟁의 발발, 기근, 인플레이션, 그 와중에 일어나는 성도들에 대한 핍박과 죽음. 이 모든 현상들은 재난과 환란의 과정 중에 속하는 일들이라고 할 수 있다. 또한, 이것은 하나님이 이 땅을 심판하시는 방법들이다.

　예수님이 예언하신 시기들 즉, 재난의 시작, 끝의 시작(큰 환난의 날들), 환난 후의 시기들 중 여기 여섯 번째 인봉 해제 후에 나타나는 재앙들은 환난 후 시기에 속해있다고 볼 수 있다.

　여섯 번째 인봉이 해제되고 난 후의 일들을 정리하면 다음과 같다.

1. 큰 지진이 난다.
2. **해**가 머리카락으로 만든 베옷 같이 된다.
3. **달**이 피같이 변한다.
4. 하늘의 별들이 무화과나무의 열매들이 강한 바람에 흔들려 떨어지는 것 같이 떨어진다.
5. **하늘**은 종이가 말리는 것 같이 말린다.
6. **모든 섬과 산들**이 제 자리에서 옮겨진다.

이 여섯 가지 현상들이 지구에 일어난다는 것은 지구가 자취를 감추는 것과 다름없는 일일 것이다.

해, 달, 별에 관한 현상들에 대해 더 자세히 살펴보자. 이 광명들은 지구를 비추는 빛의 행성들이다. 이것들이 존재했던 이유는 시간의 흐름을 형성하고 나타내기 위해서다.

창 1:14절에 하나님이 하늘의 광명을 창조하신 것은 주야를 나누고 징조와 사시와 일자와 연한을 이루기 위해서라고 기록되어있다.

이 창조는 시간을 창조하신 것과 연결된다. 따라서 이 광명들이 무너졌다는 것은 인류가 가지고 있던 시간의 흐름을 끊으시겠다는 것을 의미한다.

시간은 전적인 하나님의 창조다. 인간이 움직일 수도 만들 수도 끊어지게 할 수도 없다. 사람의 육체는 절대 시간의 흐름을 벗어나 살 수 없다. 사람의 생은 시간의 흐름에 따라 시작되고 끝난다.

젊음과 늙음이 그 안에 존재하다가 시간이 흘러 육체가 기능을 멈추면 죽음을 맞이하게 된다. 이러한 삶과 죽음을 경험할 수 있다는 것은 시간의 흐름이 있기 때문이다. 지구라는 땅은 그러한 시간의 흐름에 맞춰 창조되었고 사람도 그 시간에 맞춰 세월의 변화를 겪게 된다.

해, 달, 별들은 시간을 관장할 뿐 아니라 지구의 상태를 조절한다. 해는 적당한 거리에서 적당한 온도로 열과 빛을 발할 때 지구를 안정적으로 지켜줄 수 있다.

만약 조금이라도 온도가 더 상승한다거나 낮아진다면 혹은, 거리가 조금이라도 멀거나 가까우면 지구의 모든 생명은 사라지고 말 것이다.

달도 마찬가지다. 달은 지구가 가지고 있는 중력을 균형 있게 잡아주는 역할을 한다. 달은 지구 주위를 돌면서 지구의 자전축을 유지하게 한다.

이로 인해 해안을 왔다 갔다 하는 파도가 적당하게 일어나 바다의 경계를 만들 수 있는 것도 달의 인력 때문이다. 만약 달이 망가지게 되면 거대한 해일이 일어나고 기온이 극단적으로 변하며 물을 증발시키고 얼음을 녹이게 된다. 그야말로 지구는 재앙으로 뒤덮이게 될 것이다.

별은 날짜와 시간을 측정하는 데 있어 매우 중요한 도구다. 또한, 우주의 크기를 볼 수 있는 측정도구이기도 하다. 이것들이 우수수 떨어진다는 것은 곧 지구를 둘러싸고 있는 우주의 체계가 무너진다는 것을 의미한다.

동시에 우주라는 체계를 유지하게 하는 시간의 개념도 무너진다는 것을 뜻한다.

아무리 멸망의 짐승이 자신의 보좌를 유지하고 싶어도, 부자들이나 권력자들이 그 위치와 부를 유지하고 싶어도 지구라는 기반이 무너지면 아무것도 할 수 없다.

이러한 현상은 분명 모든 환란이 일어난 후의 일이라고 할 수 있을 것이다. 어쨌든 멸망의 짐승의 범죄도 지구의 중력과 기후와 시간이 허락될 때 할 수 있는 일이기 때문이다.

이 광명들의 체계가 무너지면 그다음은 상상도 못할 대재앙이 지구를 덮칠 것이다. 큰 지진과 모든 섬과 산이 제 자리에서 옮기는 일들, 하늘이 말리는 일과 같은 것은 자연스럽게 일어날 수밖에 없는 현상들이다.

중력이 무너지면 하늘을 둘러싸고 있던 대기도 사라지게 될 것이다. 대기가 사라지면 진공상태인 우주가 지구의 공기를 빨아들일 것이고 그에 따른 지각 변동이 거대하게 일어나게 될 것은 자명하다.

하나님의 심판은 종국에 구 세상의 종말로 가게 되어 있다. 하나님은 영원한 그의 나라를, 예수 그리스도의 나라를 세우실 것이다. 죄로 물들었던 세상은 폐해지고 하나님이 세우신 완전한 세상이 도래하는 것이다.

성도들은 이것을 위해 믿음을 지킨다. 만약 이러한 하나님의 나라가 없다면 우리가 지키고 있는 신념만큼 쓸모없는 것도 없을 것이다.

멸망의 짐승이 나타나고 전쟁이 일어나고 여러 가지 기근과 질병이 온 세계 곳곳에 나타나는 것은 회개하라는 경고요 기회다. 죽음을 앞둔 시한부의 환자는 죽음이 닥쳐올 것을 알고 자신의 삶을 정리할 수 있는 시간을 가지게 된다. 삶을 대하는 자세가 달라진다.

　마찬가지로 하나님은 여섯 번째 인봉 해제 시에 나타나는 현상들을 통해 지구를 단번에 끝내실 수도 있다. 그러나 하나님은 그렇게 하지 않으시고 여러 가지 현상을 허락하심으로써 사람들에게 기회를 주고자 하신다.
　바로에게 기회를 허락하셔서 그의 영광을 보이시고 그것을 보는 모든 이들에게 회개할 기회를 주신 것과 같은 이치다.
　그러나 만약 지구에 위와 같은 현상이 일어나면 더 이상 사람에게 기회라는 시간은 없을 것이다.
　이는 시한부 환자가 죽음을 맞이하는 시기와 비슷하다고 할 수 있을 것이다. 진통하던 여인이 해산하는 시기를 맞이하는 것과 같다. 환란이 끝이 나면 세상은 완전히 사라질 것이고 하나님의 세상이 도래할 것이다.

　마지막에 나타나는 징조들은 처음 창조했던 체계가 무너지는 과정을 보여준다. 땅이 흔들리고(큰 지진, 각 섬과 산들이 떠나가고), 하늘이 사라지며(하늘이 말리우고), 해와 달과 별들이 사라진다는(시간의 부재 및 모든 땅과 바다와 하늘의 지각변동) 것은 창조의 역행이다.
　하나님은 이 여섯 번째 인봉을 해제하심으로 그가 세우셨던 모든 것을 무너뜨리시고 새로운 그의 나라를 세우기 위하여 막바지 작업을 준비하신다. 이 일들은 심판의 일환이기도 하다. 정말 안타깝게도 그의 생명책에 기록되지 않은 모든 자들은 심판에 참여할 뿐 아니라 새로운 세상 또한 보지 못하게 될 것이다.

진노의 큰 날

'어린 양의 진노에서 우리를 가리우라, 그들의 진노의 큰 날이 이르렀으니 누가 능히 서리요.'

이 말을 내뱉는 자들은 하나님을 믿는 성도들이 아니다. 환란 가운데서 아무런 소망이 없이 죽을 날만 기다리고 있던, 믿지 않았던 자들이 숨어서 하는 말이다(계 6:17).

이날에 관하여 하나님은 성경 곳곳에 여러 번 그의 선지자들을 통하여 언급하게 하셨다. 진노의 날에는 해가 대낮에 지게 되고(암 8:9), 하늘이 불에 타고 체질이 뜨거운 불에 녹아내린다(벧후 3:12). 땅이 불타고(사 9:19), 땅이 진동하며(렘 10:10), 맹렬한 화염이 있고 폭풍과 폭우가 있을 것이다(사 30:30).

그런데 이 진노는 반드시 하나님의 정하신 목적하에 일어난다. 하나님은 그의 뜻하신 바를 이루시기 위해 진노하신다(렘 23:20, 30:24). 의로우신 심판을 이루시기 위해(롬 2:5), 하나님의 다스리심을 모든 땅이 알게 하기 위해 일어난다(시 59:13). 이 목적은 반드시 이뤄진다.

하나님을 대적했던 그들은 하나님의 영광을 보았고 그가 이 땅과 온 우주를 다스리고 계심을 알게 되었다.

또 우리는 하나님이 이렇게 진노하실 수밖에 없는 이유들에 대해서도 알아야 할 것이다.

바울은 롬 1:18절에서 하나님의 진노의 원인은 불의로 진리를 막는 사람들과 그 불의함이라고 정의하고 있다. 사실 우리는 본질상 모두 진노의 자녀들이었다(엡 2:3).

앞서 말한 바와 같이 우리에게 사망이라는 형벌이 내려질 수밖에 없는 이유는 우리가 범한 죄 때문이다. 그 죄가 우리 안에 있는 한 우리는 진노의 자녀일 수밖에 없다.

그러나 우리는 하나님의 완전한 의를 믿을 기회를 얻었다. 그 의로움이 예수 그리스도다. 이것이 복음이고 우리는 그 복음을 믿을 수 있는 세상에서 살고 있는 행운을 누리고 있다. 마지막 환란의 때에 세상이 이 복음을 증거 하는 자들을 막는 이유는 그들이 불의를 사랑하고 그 가운데 거하기 때문이다.

진노의 큰 날은 하나님의 인내가 끝까지 갔을 때다. 그의 공의가 비로소 그 실체를 나타내려 할 때다. 다섯 번째 인봉 해제 때 보았던, 하나님의 말씀과 증거로 인해 죽임을 당한 영혼들이 부탁했던 복수가 치러지는 때다.

우리는 이 장면들을 보면서 두렵고 떨림으로 하나님의 구원을 이루기 위해 매 순간 예수 그리스도의 의를 붙들고 있어야만 한다.

하나님의 진노는 죄에 대한 진노다.

이 진노가 믿지 아니하는 누구에게든지 머물 수 있다는 것을 생각하고 준비한다면 교회도 스스로를 점검하고 하나님이 미리 알리신 마지막 때를 두렵고 떨림으로 준비할 수 있을 것이다.

악인의 세력이 아무리 커져도, 그 영향력이 모든 성도들을 죽일 만큼 강력해 보여도 하나님이 지구의 축을 흔드시면 그 안에서 든든히 버틸 악인의 세력은 하나도 없다.

여섯, 6이 의미하는 바는 앞서 설명한 바와 같이 안식에 속한 날들을 제외한 모든 날들, 모든 사람들을 뜻한다.

여섯 번째 인봉도 아마 안식에 들어갈 사람들을 제외한 모든 이들에게 일어날 사건들이 아닐까 하는 생각이 든다. 모든 환란을 종결하고 하나님의 진노가 나타나는 그때는 진정한 그리스도의 교회가 맞이할 날이 아닐 것이다.

하나님은 그때야말로 그의 성도들을 구원하시고 보호하신 후에 땅에 거하는 자들을 심판하게 되실 것 같다. 그렇지 않고서야 이 거대한 재앙에서 땅에 있는 그 누가 안전히 설 수 있을까.

예수님이 예언하셨던 마지막 때의 일들을 상고하며 우리가 주목해야 할 것들은 그 일들이 어느 때에 정확하게 일어나느냐가 아니다. 그 일들은 나중(the last)이 되시는 예수 그리스도에 의해 반드시 일어나게 될 것이다.

우리가 기억해야 할 부분은 그 일이 마지막이라는 기점에 일어나게 될 것이라는 점과 그 일들이 일어났을 때 우리가 하나님의 진노 가운데 머물러 있지 않아야 한다는 점이다.

슬기로운 다섯 처녀처럼 성령의 등불을 들고 있다면 그 진노에서 벗어날 것이요 아니라면 진노 가운데 무서움으로 멸망을 기다릴 수밖에 없을 것이다. 그때가 언제가 됐든 우리가 준비하고 있기만 한다면 우리는 그의 구원에 속할 수 있음을 기억하자.

또한, 우리가 안식에 들어가 영원한 나라와 새로운 하나님의 창조가 우리들의 소유가 될 것임을 기억하자. 그 새로운 창조와 새 예루살렘이 우리 소유가 되기 위해서는 반드시 구 세상의 삶에서 확실한 믿음으로 선택해야 하는 우리들의 영적인 싸움이 있어야 한다는 것도 기억하자.

복음은 강력한 하나님의 능력이다. 심판을 이기게 하는 엄청난 힘이다. 그러나 하나님은 이 능력과 힘이 우리들의 선택에 따라 역사하실 수 있게 하셨다.

현재, 바로 지금, 과거와 연결되고 미래로 이어지는 이 순간에 우리는 선택해야 한다. 그리고 그 순간들이 계속 이어져서 시간 속에서 이뤄지는 단단한 건물이 반석 위에 굳건하게 세워져야 한다.

세상과 세상에 속한 악한 영들은 그 건물을 무너뜨리기 위해 최선을 다하고 있다. 이 때문에 우리도 그 건물이 든든하게 세워지기 위해 최선을 다해 믿음으로 싸우며 성령 안에 거해야만 한다. 이것이 우리가 하나님의 무서운 진노에 빠지지 않는 방법이다.

앞서 일곱 교회 서신에서 일러주신 싸움의 비결과 방법들을 상고하여 어느 때에 인내를 써야 할지 어느 때에 단호해져야 할지를 성령께 물어야만 할 것이다.

이 글을 읽는 모든 이들이 하나님의 진노에서 벗어나 새로운 하나님의 영원한 영광에 동참할 수 있기를 기도해 보는 바다.

† 네 번째
일곱 인봉 (seal)
이야기

04
———
Chapter

인 맞은 자들

1장
———

천사들

바람의 천사들

　요한은 마지막 7번째 인봉 해제를 8장에 가서 기록한다. 이것은 7번째의 인봉해제가 일곱 나팔을 든 천사들의 나팔 재앙으로 연결되기 때문이다.

　이로 볼 때 하나님의 심판의 방법은 일곱 나팔과 연이어 등장하는 7대접 재앙을 포함하고 있다는 것을 알 수 있다.

　나는 일곱 번째 인봉 해제의 이야기를 잠시 뒤로 미루고 7장에 나타나는 또 다른 환상들에 대하여 언급하고자 한다. 7장은 계시록에서 언급하는 매우 중요한 환상 중 하나다.

　여기서 등장하는 인 맞은 자들, 144,000의 숫자에 대한 상징들은 예수 그리스도와 교회를 나타내는 데 있어 매우 중요한 상징들이기 때문이다.

　7장의 내용을 대충 요약하자면 이렇다.

　네 명의 천사들이 땅의 네 모퉁이에 서 있다. 그들은 사방의 바람이 불지 못하도록 붙들고 있는 존재들이다. 이때 하나님의 인을 가진 천사가 나타나 사람들에게 인을 칠 때까지 기다리라고 네 천사들에게 명령한다.

그리고 그 천사는 이스라엘 자손들 중 12지파 안에 속한 144,000의 사람들에게 인을 친다. 그 후 5절부터 끝 절까지 요한은 144,000의 사람들이 어떠한 사람들인지에 대해 구체적으로 설명한다.

계시록은 수많은 종류의 천사들이 등장한다. 하나님의 종들을 뜻하는 사자, 보좌 주위의 천군 천사들, 네 생물들, 네 바람을 붙잡고 땅에 재앙을 일으키는 천사, 계시록의 말씀을 전달하는 천사, 인을 가진 천사, 나팔을 든 천사, 대접을 든 천사, 금향로를 성도의 기도와 함께 하나님 앞에 올리는 천사, 힘센 천사, 미가엘과 그와 함께 한 천사들, 공중에 날아가는 세 천사들, 하늘로부터 내려오는 큰 권세를 가진 천사, 태양 안에 서서 새들에게 명령하는 천사들, 무저갱의 열쇠와 큰 쇠사슬을 가진 천사 등이 있다.

앞서 설명한 것과 같이 천사들은 사람들을 의미하기도 하고 우리가 아는 하나님의 일꾼들인 천사들을 뜻하기도 한다. 또 때로는 예수님이 천사의 모습으로 나타나기도 한다.

우리는 각 장에서 나타나는 천사들을 하나님이 보여주시는 환상 속의 상황과 문맥의 흐름을 상고한 후에 그들이 어떤 종류의 천사들인지를 알아보아야 할 것이다.

사건의 주어가 되는 이 천사들이 어떤 존재를 지칭하는지를 알게 되면 자연스럽게 나머지 상황들도 어떠한 사건인지를 보다 더 정확하게 파악할 수 있기 때문이다.

그러나 무엇보다도 우리가 알 수 있는 천사들에 대한 기본적인 정보는 그들이 하나님으로부터 '보내심을 받은 존재들'이라는 점이다. 그들은 하늘로부터 명령받고 행동하는 자들이다. 사람으로서 하나님의 천사들이라고 지칭된 하나님의 종들도 결국 하나님으로부터 내려진 명령에 따라 행동하는 존재들이다.

사도라는 말이 '보내심을 받은 자'라는 뜻을 가지고 있는 것과 같이 2, 3장에 등장하는 사자들, 천사들도 하나님으로부터 '보내심을 받아' 교회를 지키고, 양육하고, 하나님의 명령을 준행하는 자들인 것이다.

교회라는 장소, 이겨야 한다는 사명, 교회의 멤버들을 양육하고 돌보며 그들이 끝까지 구원을 얻게 하기 위해 어떻게 해야 한다는 서신의 맥락은 예수님이 언급하시는 사자 곧, 천사가 교회의 종들이라는 것을 알려준다.

마찬가지로 다른 곳에 등장하는 천사들도 각 장이 보여주는 상황과 사건에 따라 그 천사의 본질적 모습을 발견할 수 있을 것이다.

7장에 나타나는 천사들은 땅의 네 모퉁이에서 네 개의 바람을 잡고 있는 천사들이다. 이 바람들은 땅과 바다와 각종 나무에 불게 될 것들인데 천사들은 이 바람들을 놓으라는 명령이 떨어질 때까지 붙들고 있는 존재들이다.

만약 이 바람들이 불게 된다면 땅과 바다와 각종 나무들 즉, 지구를 구성하고 있는 모든 세계가 흔들리게 될 것임을 짐작할 수 있다.

이때 다른 천사가 등장한다. 그는 살아있는 하나님의 인(seal)을 가진 천사다. 그는 네 천사들에게 명령하기를 자신들이 하나님의 사람들의 이마 위에 인을 치기까지 바람을 불지 못하게 하라고 명령한다. 그리고 요한은 인 맞은 자들의 숫자에 대해 상세히 설명하기 시작한다.

이 숫자들을 살펴보기 전에 우리는 우선 네 천사들이 잡고 있다는 '바람들'에 대해 알아볼 필요가 있다. 그 바람들은 분명 땅과 바다와 각종 나무에 해로운 현상을 주는 성질을 가지고 있음을 알 수 있다.

만약 우리가 땅과 바다와 각종 나무가 무엇을 의미하는지 알 수 있다면 그 바람이 어떠한 해(harm)를 주는지 짐작할 수 있을 것이다.

바람이 네 개이고 천사들이 그 바람들을 땅의 네 모퉁이에서 붙들고 있다는 것은 이 바람들이 '세상'에(4 모퉁이; 세상의 모퉁이) 적용될 바람이라는 것을 나타낸다. 바람이 이는 장소가 땅의 영역이라는 것을 보여준다. 바람이 어떠한 일을 일으키든 간에 그 바람은 세상 곧 지구에 일어나는 일이라는 것을 알 수 있다.

그리고 이 바람들이 불게 되면 그 해를 입는 대상은 땅과 바다와 각종 나무들이라고 요한은 기록하고 있다. 땅과 바다는 두 가지로 해석할 수 있다.

우리가 알고 있는 실제적인 땅과 바다로 생각할 수 있고 혹은, 땅과 바다가 상징하는 세상(보이는 세상과 보이지 않는 세상), 둘로 생각해 볼 수 있다.

나는 첫번째 두번째 관점 모두 타당하다고 여겨진다. 멸망의 짐승이 벌이는 전쟁과 그로 인해 일어나는 환란은 땅과 바다와 각종 나무를 실제로 해롭게 할 것이고 동시에 보이는 세상과 보이지 않는 세상에서 역사할 것이기 때문이다.

다니엘서에도 하늘의 네 바람이 큰 바다로 몰려드는 환상이 기록되어 있다. 하늘의 바람이 큰 바다로 몰려들었을 때 바다에서 네 짐승이 나타난다.

그 네 짐승은 각각 역사상 존재했던 제국들인 바벨론과 메대와 바사 연합국, 헬라 제국, 로마제국과 그 연장선에 있는 제국을 의미한다. 하늘의 네 바람이 바다로 몰려들었다는 것은 짐승들의 탄생 즉, 보이는 세상에서 활동한 네 제국의 탄생을 뜻한다는 것을 알 수 있다.

앞서 설명한 바와 같이 땅은 보이지 않는 세계를, 바다는 보이는 세계를 상징한다. 위 다니엘서에 나타난 환상의 예는 계 7장의 '바람'이 보이는 세계(바다)와 보이지 않는 세계(땅)에 영향을 미치는 실체가 악한 영들과 연합된 제국일 수 있음을 보여준다.

첫째 인봉 해제 시 나타나는 존재인 멸망의 짐승은 반드시 보이지 않는 영적 세계의 악한 영들의 역사로 인해 탄생하는 동시에 보이는 세상에서 온 세계를 자신의 제국 아래 두려는 야욕을 실현시키는 인물이다.

멸망의 짐승은 보이지 않는 세계에도 해가 되고 보이는 세계에서도 해가 되는 존재다.

보이는 세상에서 그가 실제로 벌이는 전쟁을 통해 인플레이션이 발생하고 사망과 음부가 더욱 활발히 활동하게 되는 일들은 보이는 세계와 보이지 않는 세계에 모두 해를 입힌 경우라고 할 수 있다.

따라서 여기서 언급하는 '바람'은 멸망의 짐승을 통해 일어나는 환란의 때를 뜻한다고 본다.

우리가 아는 바와 같이 멸망의 짐승의 출현 및 그로 인한 현상들은 반드시 예수님이 인봉을 해제하신 후에 일어나게 된다. 즉, 심판을 위해 일어나는 환란들은 반드시 예수님이 허락하셔야만 일어난다는 뜻이다.

멸망의 짐승의 출현 시기도, 그가 저지르는 놀라운 전쟁들과 기근과 사망의 일들도 모두 예수님이 인봉을 떼지 않으면 일어날 수 없는 일이다.

네 명의 천사가 네 개의 바람이 불지 못하도록 막고 있는 이 장면은 인봉 해제 시 상황과 패턴이 비슷하다. 이는 어쩌면 6장에 등장했던 인봉 해제의 심판 방법을 보여주는 또 다른 그림일지도 모른다. 천사들은 자신들의 의지로 그 바람을 붙들고 있었던 것이 아니다.

누군가가 그 바람들을 놓으라고 할 때까지 붙들고 있었을 뿐이다. 이는 천사들보다 높은 누군가가 그들에게 명령하고 있다는 것을 알 수 있는 대목이다. 이것은 말 탄 자들이 네 생물의 명령을 따라 나온 것과 같은 패턴이라고 할 수 있다.

땅과 바다 뒤에 나오는 각종 나무도 마찬가지다. 이를 실제 온 세상에 퍼진 나무들이라고 생각할 수 있을 것이다. 그러나 성경에서는 종종 사람을 나무로 비유하기도 한다. 나무들 사이에서 왕을 뽑는 비유가 나오는 사사기의 이야기도 왕이 되고자 하는 자의 자질을 비유하여 말한 것이다.

또 예수님은 좋은 열매를 맺는 '나무를' 좋은 열매 맺는 '사람으로' 나쁜 열매를 맺는 '나무를' 나쁜 열매를 맺는 '사람으로' 비유하셨다.

느부갓네살 왕이 꿨던 꿈에서도 하나님은 그를 큰 나무로 비유하여 그에게 일어날 일을 보여주셨다. 이와 같이 나무는 큰 나무든 작은 나무든 세상에 거하는 사람들을 뜻하는 것이 아닌가 한다. 사람이야말로 보이는 세상과 보이지 않는 세상을 인지하면서 살아가는 유일한 피조물이기 때문이다.

결국, 모든(πας) 나무들에게 바람을 불게 한다는 것은 모든 사람들에게 바람의 영향을 미치게 하겠다는 뜻으로 해석할 수도 있을 것이다. 그렇다면 왜 하나님은 그 바람이 모든 사람에게 미치게 하기 전에 인 맞은 자들을 구별하시려는 걸까.

이는 출애굽 때에 이스라엘을 구별한 것과 연관 지어 생각할 수 있다. 하나님이 애굽이라는 지역에 10가지 재앙을 일으키셨지만, 그 지역에 거하면서도 영향을 받지 않았던 이스라엘인들이 구별된 것과 같은 이치다.

그리스도인들도 세상 사람들처럼 세상에 거하며 살아가는 자들이다. 환란 때에도 여전히 그리스도인들은 세상에 있을지도 모른다. 출애굽 때에 애굽에서 이스라엘인들이 하나님의 영광을 보았던 것과 같이 마지막 때에도 그리스도인들은 세상에 일어나는 일들을 통해 하나님의 영광을 보고 선포하며 서 있으리라는 추측해본다.

하나님의 인치심은 구별을 위한 것이다. 바람의 영향을 그대로 받을 자와 아닌 자들을 구별하기 위함이다. 이는 두 가지로 해석할 수 있다.

인 맞은 자들이 세상에 거하지 않든지 혹은 여전히 세상에 거하면서도 바람의 영향을 받게 되지 않을지 두 가지로 생각할 수 있다.

두 가지 경우 모두 완전한 구분이 이뤄질 때까지 어떤 기간이 필요하다. 인 맞은 자들은 하나님의 나라 곳간으로 들일 것이요 가라지는 불에 태워질 것이다. 가라지와 곡식 중에서 곡식을 골라내 묶는 과정은 반드시 그것을 고르고 묶어내는 시간이 필요한 법이다.

그럼에도 불구하고 전능하신 하나님은 순식간에 그의 사람들을 구분하여 그의 곳간에 알곡들을 들이실 수도 있다. 어쩌면 인 맞은 자들은 환란의 때에 없을 수도 있다.

그러나 나는 후자, 교회가 세상에 있으면서도 바람을 맞지 않게 될 가능성이 더 높다고 본다. 그 이유는 하나님은 심판을 행하실 때 반드시 그의 백성을 통해 그의 말씀을 전하게 하신다는 점 때문이다.

만약 인을 맞은 자들이 이 환란을 통과하지 않고 세상에서 완전히 자취를 감추게 된다면 다섯 번째 인봉 해제 시 나오는 죽임을 당하는 영혼들이나 후에 등장하게 될 멸망의 짐승의 표를 맞지도 않고 그에게 경배하지도 않은 영혼들의 존재는 설명이 안 된다.

또한, 하나님의 구원은 반드시 거대한 심판 속에서 이뤄진다. 홍해 사건, 출애굽, 소돔과 고모라의 심판, 노아의 홍수 등은 하나님이 그의 백성을 구별하시는 때 곧, 인을 치셔서 그의 의로움을 확증하시는 때가 심판의 때라는 것을 보여준다. 하나님의 심판은 누가 의로운지 누가 죄인인지를 구별하는 키질과 같은 것이기 때문이다.

또한, 7장 후반부에 나오는 흰 옷 입은 자들에 대한 환상도 이러한 후자적 견해가 더 타당성 있다고 여겨지는 근거 중 하나다.

장로는 이들에 대해 설명하기를 그들이 큰 환란에서 나오고 있다고 알려준다. 그들은 각 나라와 족속과 방언과 백성 중에서 나온 사람들이다.

특별히 큰 환란에서 나온 사람들이다. 이것은 그들이 환란을 지나왔다는 것을 의미한다. 환란 중에서도 큰 환란이라는 것은 전에 없던 매우 큰 환란이라는 것을 의미한다. 이 환란이 예수님이 지칭하신 큰 환란일 가능성이 많다.

흰 옷을 어린 양의 피에 빨았다는 장로의 표현은 그들이 세상에 사는 동안 자신들의 옷을 빠는 행동을 실제 했다는 것을 보여준다. 더 정확히 표현하면 그들이 '세상에 살면서' 더러워진 자신들의 행위를 십자가 앞에 매번 가지고 가서 씻었다는 것이다.

이것이 매일 반복되었다는 것을 입증해주는 '밤낮'이라는 단어만 보아도 그들은 '매일', '세상에서' 주님을 섬기며, 싸우며 구원을 붙들었다는 것을 알 수 있다.

따라서 흰 옷을 입은 자들은 세상에서 큰 환란 가운데 예수님의 피로 자신들을 정결하게 한 사람들, 성도들이라고 할 수 있다. 나는 성도들이 멸망의 짐승이 집권하는 그 시기의 환란 속으로 확실히 들어갈지 안 들어갈지 알지 못한다.

다만 모든 가능성을 열어두고 생각해야 한다는 말을 하고 싶다. 안 들어갈 것이라고 믿고 있다가 준비하지 못하면 그것처럼 난감한 일이 없을 것이다. 그런 상황에서 오는 절망은 이루 말할 수 없이 두려울 것이다. 이 때문에 나는 성도들이 그 환란을 거쳐 주님의 나라를 맞이하게 될 수도 있다는 가능성에 더 많은 영적인 준비를 할 수 있기를 기도한다.

다시 전체적인 그림을 보자. 첫째부터 넷째 인봉들은 예수님이 인봉을 떼시고, 네 생물들이 명령한 후에, 네 마리의 말들과 그 탄자들이 등장한다.

네 생물들이 명령한 후에 말과 말 탄자들이 등장한 점은 바람을 잡은 네 모퉁이의 천사들이 누군가의 명령을 받고 행동하는 것과 동일한 패턴이다. 두 가지의 메시지는 동일하지만 그림은 다르다고 할 수 있다.

이는 설명하려는 중점적인 이야기가 무엇인지에 따라 설명하는 그림도 달라진 것으로 추측된다.

6장은 심판이 어떤 식으로 이뤄지는지를 보여주는 것이 목적이지만, 7장은 그 심판 가운데서 하나님의 택하심을 받은 자들이 어떠한 자들인가를 보여주기 위한 목적을 가지고 기록되었다. 이 때문에 두 장은 같은 상황을 설명하고 있지만 각각 다른 그림으로 나타날 수 밖에 없지 않았을까 한다.

7장에서 나오는 구원 받은 자들의 특징은 '환란 가운데' 구원을 얻었다는 점이다. 따라서 이 구원을 설명하기 위해서는 심판에 대한 그림 즉, 6장을 먼저 보여주고 난 다음에 설명할 수밖에 없었을 것이다.

이것은 유월절을 설명하려면 애굽에서 일어나는 10가지 재앙을 먼저 언급하는 방식과 같다.

7장의 네 바람과 네 천사들은 하나님의 심판을 전체적으로 묘사한 그림이다. 모든 세상(네 모퉁이, 땅과 바다, 각종 나무)에 불게 될 바람은 하나님의 심판이 '어디에'(세상-보이는 세계와 보이지 않는 세계), '누구에게'(인맞은 자들을 제외한 모든 사람들에게) 임하는지를 보여주는 함축적인 그림이다.

또한, 그 바람들을 네 천사들이 잡고 있고 누군가의 명령에 의해 그것을 놓을 수 있다는 점 또한 심판이 '누구에 의해'(살아있는 인을 가지신 이에 의해), '어떤 방식으로'(말씀과 그의 천사들을 통해, 바람을 불게 하는 것을 통해) 이뤄지는 지를 함축적으로 보여주고 있는 환상이다.

네 개의 바람은 하나님의 심판을, 바람을 잡은 천사들은 하나님의 명령을 받은 자들을, 땅과 나무와 각종 나무들은 심판의 영역을, 인을 가진 천사가 인을 친 사람들은 환란의 때에 그 바람을 맞지 않게 될-더 자세히 말하자면 그 바람에 영향을 받지 않게 될 하나님의 사람들을 상징한다고 보면 될 것이다.

그러나 여기서 우리가 간과하지 말아야 할 것은 우리가 그 바람들을 피해간다고 해서 핍박도 받지 않을 것이라고 착각해서는 안 된다는 것이다. 분명히 알아둬야 할 점은 진정한 믿음의 사람들은 심판에 속하지 않으나 세상의 미움을 받지 않는 것이 아님을 기억해야 한다.

교회는 하나님의 말씀을 대언하는 사람들이다. 하나님의 증거를 가지고 세상에 선포해야 할 나팔수들이다. 예수님은 세상이 반드시 이러한 교회를 미워하게 될 것이라고 말씀하셨다.

모세가, 이사야가, 예레미야가 에스겔이 그랬던 것처럼 그들은 하나님의 말씀을 대언했고 그 말한 일들이 세상에 실제 일어났다. 하나님이 심판하시겠다고 하셨던 나라들은 멸망했고 자취를 감추었다.

그러나 그 선지자들은 하나님의 말씀을 대언하다가 미움을 받거나 죽임을 당했다. 하나님은 그의 교회들에게 너희는 아무런 일도 당하지 않을 테니 그저 가만히만 있다가 천국에 오라고 말씀하시지 않는다.

그의 영광에 참여하기 위해 고난에도 참여해야 함을 말씀하신다. 다섯 번째 인봉 해제의 메시지가 이와 같은 것이 아닐까 한다. 하나님의 인을 맞았다는 것은 하나님의 말씀을 증거하는 사람이 되었다는 것을 의미한다.

환란 속에 있으나 심판에 속하지 않는 존재. 그러나 하나님의 마음으로 그의 말씀을 선포하고 증거하는 존재. 그들이 바로 진정한 교회라고 할 수 있을 것이다.

하나님의 인을 가진 천사

요한은 바람을 잡은 천사들을 본 뒤 그들에게 명령하는 또 다른 천사를 보게 된다. 그 천사는 살아있는 하나님의 인을 가진 천사인데 그가 올라오는 곳은 해 돋는 곳이다.

그는 바람을 잡고 있는 천사들에게 명령할 수 있는 천사다. 특이한 점은 그와 함께 일하고 있는 다른 존재들이 그와 함께 있다는 것이다.

그는 인을 칠 때 '내가'라고 말하지 않는다. '우리가' '우리' 하나님의 종들의 이마에…라고 표현한다. 즉, 그는 인을 칠 때 독단적으로 행동하지 않고 다른 어떤 존재와 함께 인을 친다는 것을 알 수 있다.

일단 그가 살아있는 하나님의 인(seal)을 가지고 있다는 부분부터 살펴보자. 이것은 앞서 나온 하나님의 오른손의 책의 인봉과 같은 단어다. 앞서 설명한 바와 같이 인봉은 보존, 확정, 증거나 기한을 표시하기 위한 장치다.

책에 잠금장치가 되어 있다는 것을 뜻할 뿐 아니라 그것이 언젠가 열릴 것에 대한 예정, 그 책에 대한 소유가 인봉을 한 자에게 있다는 것, 또한 그것이 법령과 같이 반드시 그 안에 적힌 말들이 시행될 것임을 보여주는 장치인 것이다.

하지만 이곳에 나오는 인봉(seal)은 사람에게 표시하는 인봉이다. 특별히 하나님의 종들의 이마에 치는 인봉이다. 이에 관한 성경 구절들을 살펴보면, 요 6:27절에서 예수님은 자신이 아버지 하나님이 인 치신 자라고 말씀하신다.

롬 4:11절은 아브라함이 할례의 표를 받은 것은 무할례시에 믿음으로 된 의를 인친 것이라고 말하면서 이것이 아브라함이 무할례자로서 믿는 모든 이들의 조상이 되어 그와 같이 믿는 이들도 의로 여김을 얻게 하기 위함이라고 말한다. 즉, 믿음이 의롭게 된다는 인침을 받은 증거라는 것이다.

엡 1:13절에서 바울은 예수 그리스도 안에 있는 성도가 진리의 말씀, 복음을 듣고 그 안에서 믿음으로 약속의 성령으로 인치심을 받았다고 설명한다.

엡 4:30절은 더욱 확실하게 인치심이 누구에게서 왔는지 설명한다. '하나님의 성령을 근심하게 하지 말라 그 안에서 너희가 구원의 날까지 인치심을 받았다'라고 바울은 강조한다.

우리가 받는 인치심은 오직 믿음을 통해서만 얻을 수 있다. 그런데 이 믿음은 예수 그리스도를 믿음으로 얻어진다. 예수님만이 하나님이 의롭다고 인치신 완전한 존재이기 때문이다. 또한, 그 인을 치시는 이는 성령이시고 성령이 우리 안에 있다는 것이 우리가 인치심을 받았다는 증거가 될 수 있다는 것을 알 수 있다.

예수님이라는 중보자를 통해 하나님의 성령이 우리 안에 거하셔서 하나님과 화해할 수 있는 의로움을 얻게 되는 것이다.

이것이야말로 우리 눈에 보이지 않지만, 그 어떤 것보다 확실한, 복음이 우리 안에서 역사하는 실제적인 일이다.

이 때문일까. 천사는 살아있는 하나님의 인을 치는 일을 혼자 한다고 하지 않는다. 분명히 '우리가'라는 ἡμῶν(huimon)을 사용한다. 즉, 그는 어떤 이와 함께 일하고 있다.

예수님은 늘 자신이 혼자 있는 것이 아니고 나를 보내신 이가 나와 함께 하고 있다고 말씀하셨다(요 8:16). 또한, 예수님은 비둘기같이 강림하시는 성령의 세례를 받으신 후에야 일하셨다. 그분도 성령의 음성을 따라 행하시고 아버지의 뜻에 순종하시며 일하신 것이다.

만약 그렇지 않았다면 아버지 하나님이 자신에게 인치셨다는 말씀을 하지 않으셨을 것이다. 성령이 오시기 전부터 일하셨을 것이며 성령의 음성을 듣지도 않고 독단적으로 행동하셨을지도 모를 일이다.

만약 이렇게 행동하셨다면 그는 하나님의 아들이 아니며, 하나님이 보내신 자도 아닐 것이다. 그는 메시야의 자격을 갖출 수 없으며 우리는 그를 믿게 되지도 않았을 것이다.

그러나 예수님은 성령의 음성을 따라 행동하시고 아버지 하나님의 뜻에 따라 일하셨다. 이것이 우리가 믿는 그리스도의 가장 큰 능력이자 신뢰할 수 있는 근거라고 할 수 있다. 예수님은 때때로 하나님이 자신을 세상에 보내셨다고 말씀하신다.

이는 그가 하나님의 아들이자 그리스도로 일할 수 있는 가장 큰 근거인 동시에 그도 천사들처럼 보내심을 받은 자로서 세상에 있었다는 것을 의미한다.

결론을 내리면, 여기서 살아있는 인을 가진 천사는 예수 그리스도를 나타낸다고 보는 것이 나의 견해다. '우리가'라는 표현을 했다는 것은 그 천사가 독단적으로 인 치는 일을 하지 않았다는 것을 보여준다.

물론 다른 종류의 천사들도 혼자 결정하고 혼자만의 생각으로 일하지는 않는다. 그들도 하나님의 뜻에 따라 움직이는 존재들이다. 그러나 그들은 하나님에 대하여 '우리'라는 표현을 쓸 만큼 하나님과 동등한 위치의 존재들이 아니다.

하나님이 인간을 만드실 때 그분은 '우리가 우리의 형상을 따라 만들자'라고 의논하여 결정한 후에 사람을 만드셨다. 여기서도 하나님은 독단적으로 일하시는 분이 아니라 함께 일하시는 분임을 알 수 있다. 그러나 어디까지나 '우리'라는 표현을 쓰려면 우리라고 칭하는 다른 존재들이 그와 동등한 위치에 있을 때 가능하다.

예수님은 아버지 하나님과 성령과 함께 일하시는 분이시다. 또 그는 하나님과 동등 된 하나님으로서 성육신 되신 신이자 완전한 인간이요 중보자다.

따라서 여기서 인을 친 '우리들'은 삼위일체의 하나님이요 다른 천사는 이 땅에 보내심을 받은 예수 그리스도를 상징하고 있음을 추측해 볼 수 있다.

또 다른 근거를 생각해보자. 그는 네 바람을 잡은 천사들에게 명령할 수 있는 존재다. 6장에 나오는 네 생물들이 세상에 해를 가할 말 탄자들을 불러내기 전에 반드시 어린 양이신 예수님이 인봉을 떼야만 한다. 이는 네 생물도 예수님의 명령이 있어야만 말 탄자들에게 명령할 수 있는 권한이 있다는 것을 의미한다.

이와 같은 패턴을 생각하면, 네 바람 즉, 세상과 모든 사람들에게 해를 가할, 바람을 붙들고 그것을 언젠가 놓을 수 있는 권한을 가진 천사들에게 명령하는 다른 천사는 예수님일 가능성이 크다.

명령할 수 있는 권한은 명령을 받는 존재들보다 더 높은 위치에 있을 때 얻어질 수 있는 것이다.

네 생물보다 어린 양이신 예수님이 더 높으신 것처럼 바람을 잡은 천사들보다 살아계신 하나님의 인을 가진 다른 천사 즉, 예수님이 더 높으셔야만 한다.

또한, 다른 천사가 하나님의 종들에게 인을 치기 위해서는 반드시 하나님의 종들이라고 생각하는 자들을 매우 잘 알고 있어야 한다. 여기서 잘 안다는 것은 하나님과의 친밀함이 '아는' 것에 깔려있다는 뜻이다. 그들이 어떤 믿음으로 살아가고 있는지를 아주 잘 알고 있다는 의미다.

무엇보다 그들 안에 성령이 거주하고 있다는 것을 알아차릴 정도여야 한다.

이렇게 인침을 받은 하나님의 종들이 이스라엘 지파들이며 144,000의 조건을 갖춘 자들이다. 이런 속성은 오직 하나님을 하나님으로 섬기고 있던 약속의 민족만이 가질 수 있는 조건들이다.

따라서 이들을 잘 알고 있다는 것은 하나님과의 약속을 잘 안다는 것과 직결된다. 이 약속은 성령을 부어주신다는 하나님의 약속과 연결되고 이것을 줄 수 있는 권한은 오직 예수 그리스도에게만 있다.

그리고 그는 해 돋는 곳에서 올라온 자다. 그가 오는 방향을 보여주는 장면이다. 해 돋는 곳은 동쪽이다. 성경에서 동쪽은 하나님의 영광이 오는 곳임을 앞서 설명한 바 있다. 아시아의 의미를 설명하면서 동쪽이 곧 하나님의 영광이 오는 곳임을 자세히 언급했다.

이 천사는 하나님이 보내신 존재이며 땅의 바람을 붙잡고 있는 천사들에게 명령하기 위해 땅의 동쪽에서부터 온 자다. 그는 하늘에서 보내심을 받았으나 땅에 거하셔서 독생자의 영광, 하나님의 영광을 우리에게 보이셨다.

하나님의 영광의 빛을 볼 수 있는 유일한 통로는 예수 그리스도다. 따라서 다른 천사가 동쪽에서 왔다는 점은 하나님으로부터 보내심을 받으셨으나 그의 영광을 나타내시기 위해 땅에 거하셨던 예수님의 특징과 겹친다.

게다가 그가 가지고 있는 이 인봉은 단순한 인봉이 아니다. 하나님의 것이고 움직이지 못하는 고체 덩어리가 아니라 살아있는 어떠한 존재다. 이것을 '가지고 있다' 혹은 '소유하고' 있는 천사는 예수 그리스도 외에 그 누구도 될 수 없다.

예수님은 아버지의 뜻을 따라 성령의 증거를 통해 하나님의 종들을 알아보실 수 있는 눈과 분별력을 가지고 계신다. 약속받은 이스라엘, 그 가운데 있는 144,000의 조건을 가진 자들을 그는 알아보실 수 있고 그 이마 위에 인을 치실 수 있는 능력을 가진 분이시다.

이 세상은 반드시 심판 가운데 들어가게 될 것이다. 멸망의 짐승의 야욕에 모든 세상이 뒤덮이게 될 것이고 그들의 계략은 반드시 성공하게 될 것이다.

그러나 잠시일 뿐이다. 그것은 바람처럼 모든 세상을 치게 될 것이나 하나님의 인을 맞은 자들은 그 심판에 속하지 않을 것이다. 인내하며 하나님의 말씀을 증거하는 진정한 교회로 굳건하게 서서 주의 명령을 준행하는 하나님의 종들로 서 있게 될 것이다.

2장

이스라엘
자손들

두 개의 그림

    하나님의 종들. 인 맞은 자들의 특징 중 가장 두드러지고 중요한 부분이다. 그들은 한 마디로 하나님을 섬기는 자들이다. 하나님을 주인으로 삼고 삶을 살아가는 사람들이다.

    하나님의 종들에 관한 언급은 계시록에서 종종 나타난다. 이 글을 쓰고 있는 요한도 자신을 하나님의 종이라고 칭하고, 다섯 번째 인봉 해제 시 나타난 제단 밑의 영혼들도 하나님의 종들이다.

    그들은 하나님의 말씀과 증거로 인해 죽음까지도 불사할 만큼의 믿음을 보인 사람들이라고 할 수 있다.

    앞서 말한 것과 같이 그들이 인을 맞았다고 해서, 그로 인해 세상에 해를 가하는 바람이 그들에게 영향을 주지 않는다고 해서 자신의 몸만 보전하며 살아가는 사람들이 아니라는 것을 보여주는 특징이 바로 그들이 하나님의 종들이라는 점이다. 그들은 하나님의 말씀을 '증거'하는 증인이요 나팔수다.

    사실 예수 그리스도를 믿는 모든 이들은 하나님의 종들이라고 할 수 있다. 믿음은 누가 우리의 주인인지, 우리가 예배하는 분이 누구인지를 알려주기 때문이다.

사단의 말을 믿는 것이 사단의 종노릇을 하게 된 것과 같이 하나님의 말씀을 믿고 행하는 것이 곧 하나님을 주인으로 삼는 증거가 될 것이다.

그러므로 예수 그리스도를 주인으로 섬기는 모든 이들은 그의 종들이라고 할 수 있다.

하나님의 말씀을 증거하지 않는다는 것은 하나님의 영원한 영광에 참여할 의사가 없다는 것을 의미한다. 이것이 진정한 그리스도인들을 구분하는 중요한 요소 중 하나라고 믿는다.

따라서 인을 맞았다고 해도 그들은 세상에 살아가는 동안 하나님의 말씀을 증거 하는 사명을 기꺼이 감당한다. 만약 그런 사명으로 살아갈 것이 아니라면 예수님은 다섯 번째 인봉 해제 때에 죽임을 당할 하나님의 종들의 수가 차기까지 기다리라는 부탁을 제단 밑 영혼들에게 하시지 않았을 것이다.

이제 다음 특징으로 넘어가 보자. 인 맞은 자들은 이스라엘 자손들이다. 그렇다면 이곳에 나오는 이스라엘 자손들은 혈육적인 이스라엘 자손들일까? 그럴 수도 있다. 그 자손들 중 단 지파와 에브라임 지파를 제외한 나머지 지파들만 인을 맞고 그중에서도 각 지파에서 12,000명씩,

다 합하여 144,000명이 인을 맞을 수도 있다.

그러나 정말 이 환란의 시기에 오직 혈통적인 이스라엘 사람들만 하나님의 인을 맞게 될까? 이때 하나님의 인 즉, 성령의 인치심이 있는 사람들, 종들은 오직 이스라엘 사람들뿐일까? 아시아에 있는 일곱 교회들, 이방인들이 가득했던 그 교회들에게 보내는 서신을 쓰게 하시면서 오로지 혈통적인 이스라엘인들만 인을 맞게 될 것이라고 말씀하셨다는 것이 과연 타당한 추측일까?

그렇다면 이 환상을 본 후에 나오는 구원받은 흰 옷 입은 무리들은 과연 어떤 사람들일까? 각 나라와 족속과 백성과 방언에서 나오는, 아무라도 능히 셀 수 없는 이 무리들은 어떤 사람들을 말하는 것일까? 앞서 나온 인 맞은 이스라엘 자손들과 상관이 없는 걸까?

장로 중 하나가 가르쳐주는 진실, 그가 언급하고 있는 큰 환란은 이 계시록에서 중점적으로 보여주고자 하는 환란이다. 이 전에도 이후에도 없을 엄청난 대환란을 의미한다.

멸망의 짐승이 나타나고 악의 세력이 절정에 달하는 때, 다섯 번째 인봉 해제 때에 나타난 영혼들과 같은 종들의 죽음이 임하는 때의 환란이다.

7장은 6개의 인봉 해제에 대한 소개를 멈추고 7번째 인봉 해제를 앞

두고 있다. 또한, 7장 초반은 6장의 내용을 함축적으로 정리하여 말한 후 이러한 환란에 영향을 받지 않게 하기 위한 인 맞은 자들을 소개하고 있다.

따라서 이들은 예수님이 받으신 책의 인봉 해제 시 나타날 하나님의 심판 가운데서 구원을 얻을 무리와 강한 연관성이 있을 수밖에 없다.

만약 인 맞은 자들 외에 세상에 거하는 사람들이 바람의 영향을 받지 않을 것이라면 흰 옷을 입은 구원받은 무리들은 대체 어떠한 영향권 아래 있다는 말인가? 만약 이들이(인 맞은 이스라엘 자손과 구원받은 흰 옷 입은 무리) 서로 다른 존재들이라면, 만약 이들이 다른 영향권 아래 있는 존재들이라면 이스라엘의 인 맞은 자들은 어떤 곳에 속해있고 구원받은 흰 옷의 무리들은 어떤 곳에 속해있다는 것인가?

중요한 것은 그때가 오면 우리가 선택할 수 있는 길은 오로지 두 길밖에 없다는 것이다. 심판으로 가든, 구원으로 가든 둘 중 하나의 길을 믿음으로 선택할 수밖에 없다.

심판을 받지 않는 자들은 구원을 받을 것이요, 구원받지 않는 자들은 심판을 받을 것이다. 그리고 이는 예수 그리스도 안과 예수 그리스도 밖으로 나뉜다. 예수 안에 거하고 아들에게 순종하는 자는 구원에 속하게 될 것이요, 예수 밖에 거하여 불순종하는 자는 심판에 속하게 될 것이다.

따라서 144,000과 구원받은 흰 옷 입은 무리들은 최소한 예수 그리스도라는 진영 안에 속하는 존재들일 수밖에 없다. 성경은 성령의 인치심을 받은 자들이 곧 예수 그리스도 안에 있는 자들이라고 말한다.

예수 그리스도와 성령은 따로 떼어 생각할 수 없는 한 하나님이시다. 성령이 누군가에게 임했다는 것은 그가 예수 안에 있는 사람이라는 것을 증거한다. 그가 예수 안에 있다는 것은 곧 성령의 임재 안에 있다는 것을 의미한다. 같은 예수, 같은 구원이라는 같은 영역 안에 속한 자들이 과연 다를 수 있을까?

그러나 또 다르게는 이 두 부류로 나타난 사람들이 예수 안에 있는 혈통적 이스라엘인들과 이방인들을 의미하는 것으로 생각할 수도 있다. 그러나 이런 논리라면 구원받은 무리들을 언급할 때 각 나라와 백성과 방언에서 오직 이스라엘만을 제외했었어야 한다.

하지만 그런 말은 없다. 만약 그 목적으로 적은 것이라면 정확하게 구분하여 기록했어야만 한다.

성경은 믿는 모든 이들을 차별 없이 구원에 이르게 하는 복음을 가르치고 있다. 이방인으로서 그리스도를 믿었든, 유대인으로서 그리스도를 믿었든 예수님은 믿음 안에서 그들을 하나 되게 하시기 위해 오셨다.

만약 이러한 예수님의 복음이 적용되어야 한다면 이곳에서도 마땅히 유대인과 이방인의 하나 됨을 보여야만 할 것이다.

　그리고 여기서 요한은 혈통적인 이스라엘인들을 유대인이 아닌 이스라엘 자손들이라고 기록한다. 로마서 서신이나 예수님도(공관복음서) 그리스도인들을 유대인과 이방인의 두 부류로 나누고 있다. 이면적 유대인과 혈통은 유대인이지만 실상은 아닌 자들로 표현할 때도 유대인이라는 말을 쓰고 있다.

　예수님은 이때 이스라엘 자손이라는 말을 쓰지는 않는다. 물론 이와 같은 용어 사용이 이스라엘 자손이 단순히 혈통적인 의미가 아닐 것이라는 가설의 강력한 근거가 될 수는 없다. 그러나 최소한 어떤 특정한 용어를 쓴다는 것은 매우 큰 의미를 지니고 있고 그 이유에 대해 고민해봐야 할 부분이라고 생각한다.

　나의 추측은 '이스라엘', '자손'이라는 단어 속에 담긴 상징들이 아마도 뒤에 등장하는 구원받은 흰 옷 입은 무리와 깊은 연관성을 지니고 있지 않을까 한다.

　심지어 12지파들의 이름들이나 나열된 순서마저 세밀한 하나님의 뜻이 있을 것이라고 믿는다. 이것이 어떠한 의미를 지니는지에 따라 이들이 오로지 유대인들만을 지칭하는지 혹은 구원받은 무리들에게 대한 또 다른 그림인지를 더 확인해 볼 수 있을 것이다.

요한의 계시록은 같은 사건들을 다른 그림으로 반복해서 보여주는 특징이 있다. 앞서 6장의 그림이 7장의 초반부에서 다른 그림으로 함축적인 전달을 하는 것만 보아도 알 수 있다. 이렇게 다른 그림으로 보여주는 이유는 그 상황이 말하고 있는 진리를 다각도로 보여주기 위함이라고 생각한다.

인봉 해제 때 보여주는 재앙이 뒤의 13장에서도 나타나고 17장에서도 나타나는 것처럼 구원받은 자들에게 대한 특징들도 여러 측면에서 다룸으로써 진정한 교회의 모습이 무엇인가에 대해 알려주는 것이다.

따라서 나는 이스라엘 지파들 중 12지파 그리고 144,000명이 뒤에 나오는 구원받은 흰 옷 입은 무리들과 동일한 인물일 수도 있음을 말하고 싶다. 앞으로 언급하게 될 이스라엘, 자손, 12지파의 이름들, 144,000이 담고 있는 상징적 의미들을 다루면서 왜 이렇게 결론을 내릴 수밖에 없었는지를 차근차근 다룰 것이다.

이스라엘

이스라엘은 야곱의 또 다른 이름이다. 아브람이 아브라함으로, 사래가 사라로 바뀐 것처럼 야곱도 천사와의 씨름 후에 이스라엘이라는 이름을 얻게 된다. 이 이름이 지금 유대인이라고 하는 민족의 또 다른 대표적인 이름이다.

'이스라엘'은 '하나님을 이긴 자'라는 뜻이다. 사실 이 이름은 그가 하나님을 실제 이겨서 얻은 것이 아니다. 그 누가 하나님을 이길 수 있겠는가.

정확히 말하자면 하나님은 야곱에게 져 주신 것이다. 밤새 낑낑대며 하나님의 옷자락을 붙들고 늘어지는 그에게 하나님의 천사가 져주는 시늉을 한 것이다. 그의 환도뼈를 침으로써 싸움을 끝내셨다. 만약 더 시간을 끌었다면 야곱은 죽었을지도 모른다.

그의 이름 '이스라엘'은 그가 실제 이겼느냐 졌느냐를 보여주기 위해 탄생한 이름이 아니다. 만약 야곱이라는 인물이 진짜 하나님을 이겼다면 우리는 하나님을 믿을 수 없을 것이다. 간사하고 지렁이같이 꿈틀대는, 하찮은 인간 하나도 이길 수 없는 신을 어찌 믿을 수 있겠는가.

이 이름은 야곱의 후예가 될 백성들이 어떠한 이김을 가질 수 있느냐에 대한 예언적인 그림이다.

하나님이 만들어내시는 역사는 그 어떤 것도 우연이 없다. 역사의 한 부분 한 부분, 율법과 선지자들의 이야기들은 전부 예수 그리스도를 말하기 위한 장치이자 밑그림이다.

예수 그리스도라는 실체를 설명하기 위해 하나님은 미리 그림을 그려 우리에게 보여주시는 것이다. 그래야만 예수님이 땅에 오셨을 때 그가 그리스도이고 메시야라는 것을 알아차릴 수 있기 때문이다.

이 역할을 한 민족이 바로 이스라엘 민족들이다. 그들은 예수님을 보여주기 위한 일종의 프레임을 뼛속 깊이 이해하고 있는 민족이었다.
하나님이 택하신 선민으로서 그들은 하나님이 누구인지, 그가 어떠한 말씀을 하셨는지, 그가 언약하신 약속의 주인공이 누구인지 너무나 잘 알고 있었다.
만약 이스라엘이라는 존재가 없었다면 우리는 예수 그리스도를 전혀 이해할 수 없었을 것이다. 율법과 선지자들의 예언과 그들의 역사를 통해 우리는 예수님의 형상을 인지하게 되었다. 인지했기에 믿을 수 있었다.

그 믿음으로 우리는 심판을 이기고 세상을 이길 힘을 제공받게 된 것이다. 말하자면 이스라엘이라는 이름은 앞으로 아브라함처럼 믿음으로 의를 얻게 될 자손들, 이스라엘이라는 원 가지 안에 속하게 될 모든 사람들이 어떠한 이김으로 생을 살아가고 영원을 얻게 될지에 대한 그림이자 예언인 것이다.
예수 그리스도 즉, 하나님을 이기신-하나님을 이겼다기보다는 하나님이 판단하시는 모든 것을 이기신 분 안에 우리가 속함으로 우리도 이스라엘이라는 이름의 뜻이 실제 우리의 삶에 적용되는 것을 보게 된다.

전에는 마귀의 자식이었던 우리가, 율법을 다 지키기는커녕 그 율법의 정죄에 언제나 허우적대고, 욕심이 원하는 데로만 움직였던 우리가 예수 그리스도라는 '이긴 자'를 믿음으로 세상을 이기게 되었다.

이런 이김을 얻은 자들이 이스라엘이 아니고 누가 이스라엘이 될 수 있단 말인가. 인을 맞았다는 것은 하나님의 성령이 그 안에 있다는 것을 증거한다.

하나님의 성령은 오직 예수 그리스도의 이름으로 오시고 그 성령은 그가 예수 그리스도의 의로움 즉, 이김 안에 있다는 것을 증명한다.

12지파

이곳에 등장하는 이스라엘 지파들의 이름은 총 12개다. 사실 이스라엘의 지파들의 수는 정확히 말하면 14개라고 할 수 있다. 르우벤, 시므온, 레위, 유다, 단, 납달리, 갓, 아셀, 잇사갈, 스불론, 요셉, 에브라임, 므낫세, 베냐민으로 총 14지파다. 에브라임과 므낫세는 야곱의 11번째 아들인 요셉의 아들들이지만 이 두 지파는 야곱이 그들에게 축복한 대로 이스라엘의 아들들과 같은 지분을 가지게 된다.

이렇게 요셉의 아들들이 이스라엘의 지파로 들어오게 된 것은 훗날 이스라엘이 출애굽 때에 광야에서 행군 시 맡게 될 진의 구축을 위한 하나님의 계획이었다.

12지파들이 동서남북으로 각 방향에 3지파들씩 자리를 잡고 레위 지파는 하나님의 성전을 섬기는 제사장 지파로서 중앙을 맡아 위치하게 되었다.

이때 하나님을 섬기는 레위 지파를 제외한 12지파들이 필요했기 때문에 요셉의 아들들이 나머지를 채우게 된 것이라고 여겨진다.

이때는 요셉이 없어지고 므낫세와 에브라임이 그 아버지의 지파를 대신해 레위를 제외한 12지파의 자리를 채우게 된다. 사실상 요셉지파 안에 므낫세와 에브라임이 들어간 상황이지만 이름으로만 따지면 이스라엘은 총 14개의 지파로 구성되어 있다고 볼 수 있다.

성경에서는 이스라엘 12지파들의 이름 전부가 거론된 경우가 몇 번 등장한다. 그중 마지막이 이곳 요한 계시록이라고 할 수 있다.

7장에 나오는 12지파의 이름들은 특이하게도 단지파와 에브라임 지파를 뺀 나머지 지파의 이름들이 등장한다. 게다가 이 이름들의 순서는 태어난 순대로가 아닌 뒤죽박죽이다.

5절에는 유다, 르우벤, 갓, 6절에는 아셀, 납달리, 므낫세, 7절에는 시므온, 레위, 잇사갈, 8절에는 스불론, 요셉, 베냐민의 순서로 나타난다.

도대체 이 순서는 무엇이며, 왜 단과 에브라임 지파의 이름은 빠져있는가? 정말 이 이름들의 순서는 뒤죽박죽일까.

단언컨대 하나님은 144,000이라는 중요한 숫자를 정하시면서 그의 소중한 이스라엘의 지파들을 무작위로 선정해서 빼거나 넣으실 분이 아니라고 믿는다. 또한, 그분은 이 지파들의 이름을 성경에 나열하시면서 그 순서를 아무렇게 정하실 분도 아니다.

하나님은 치밀하고 정확하며 완벽하시다. 그의 모든 말 한마디 한마디에는 그의 완전한 계획이 존재한다. 진리를 본다는 것은 그의 완전한 세계를 본다는 것이다. 따라서 나열된 순서도 그가 단과 에브라임을 뺀 것도 그의 완전하신 계획을 나타내는 중요한 상징적 언어라고 생각한다.

그럼 우선 이 이름들의 뜻을 살펴볼까.

유다- 찬송하다
르우벤- 보라, 아들이다
갓- 복
아셀- 복이라고 칭하다
납달리- 경쟁하여 이기다
므낫세- 잊어버리다

시므온-듣다

레위- 연합하다

잇사갈- 값을 주고 사다

스불론- 나와 함께 거하다

요셉- 더하다

베냐민- 오른손의 아들

여기에 나온 이름들의 뜻을 눈에 잘 담아두기를 바란다. 참고로 여기에서 빠진 '단'이란 이름의 뜻은 '심판하다' 혹은 '판단하다'이고, '에브라임'은 '번성하다'라는 뜻이다.

이 이름들을 품고 있는 큰 이름은 야곱에게 주어진 새로운 이름, '이스라엘'이다. 이스라엘은 '하나님을 이긴 자'라는 뜻이다.

그리고 그 이름이 앞으로 믿음으로 예수 그리스도 안에 들어오게 될 모든 이들이 어떤 모습인지를 그려주는 예언과도 같은 것임을 설명했었다.

만약 우리가 하나님 자체를 이기는 것이 아니라면 과연 무엇을 이긴다는 것인가. 하나님은 무엇 때문에 이스라엘을 약속의 아들인 예수님을 이 땅에 내보내게 될 하나님의 집으로 부르셨는가. 원가지 이스라엘을 통해 흘려보낼 이김은 과연 어떤 이김을 말하는가.

우리는 이미 이 답을 알고 있다. 앞서 일곱 교회 이야기에서 예수님은 이기는 자가 어떠한 상급을 받게 될 것인지 또 어떠한 영원한 형벌에서 벗어나게 될지를 말씀하신다. 그는 이기는 자라는 말을 일곱 번이나 반복하시면서 우리가 이겨야 할 것이 무엇인지를 강조하신다.

우리가 이겨야 할 것은 한 마디로 하나님의 공의가 요구하는 것을 이겨야만 한다. 그가 보시기에 완전한 의로움, 흠도 없고 티도 없는 완전함이 그의 공의를 만족시킬 수 있다. 이 세상 그 누구도 그 공의를 만족시킬 수 없었으나 오직 한 분 예수 그리스도만이 그 일을 하실 수 있었다.

우리의 이김은 오직 예수 그리스도의 이김에서 나오는 것이다. 또한, 우리는 세상 즉, 우리를 미혹하려 하고 멸망시키려는 악한 세력들을 이겨야 한다. 이 세력을 이길 힘도 오직 예수 그리스도에게서부터 온다.

그러므로 여기에 등장하는 12지파의 이름들은 이긴 자의 근본이신 예수 그리스도와 떨어져서 생각할 수 없다. 그의 이기심은 교회의 이김과 연결된다.

이스라엘과 12지파는 하나님의 교회로 택하심을 입은 자들이다. 구약의 12지파든 지금 여기에 나오는 12지파든 관계없이 그들이 하나님의 택하심을 입은 교회라는 것에는 이견이 없을 것이다.

이스라엘의 이김은 곧 세상에 출현하게 될 모든 교회의 이김을 의미한다고 본다. 따라서 마지막 때에 나타날 이 교회들도 반드시 예수 그리스도로 인한 교회의 이김과 필연적으로 엮여 있어야 할 것이다.

그렇다면 지금 계 7장에 등장하는 12지파라는 교회의 특징은 무엇일까. 여느 교회와 같이 예수 그리스도로 인해 이김을 얻은 교회라는 것은 알겠는데 이 교회는 왜 단과 에브라임을 뺀 이스라엘 지파들의 이름으로 자신을 표현하고 있는가.

이들은 7장에 등장하고 있다. 7장은 예수님이 6개의 인을 떼시기 전 상황을 서두에 간략하게 소개하면서 시작한다. 네 개의 바람이 세상에 혹독하게 불기 전에 인을 맞는 자들이 곧 마지막 때의 교회라고 할 수 있다.

앞서 말한 바와 같이 인 맞은 자들과 뒤에 나온 환상의 구원 받은 무리들은 동일 인물이라고 추정된다. 이 무리들에 대하여 장로 중 한 명은 요한에게 이들이 환란에서 나오는 자들이라고 명확하게 밝힌다.

즉, 이들은 마지막 때, 그것도 멸망의 짐승이 나타나기 전에 확실하게 구분될 교회들이다. 그들은 마지막을 지나게 되겠지만 그 마지막 환란을 맞이하기 전에 세상과 구별된 자들로서 환란을 지나가게 될 것임을 보여주는 것이다.

그 마지막을 지나면 영원한 가나안 땅으로 들어가게 될 교회라는 것을 보여준다. 마치 출애굽을 하게 될 이스라엘이 고센 땅에 거하고 문설주에 어린 양의 피를 바르게 된 것과 같은 교회들이다.

이들은 택하심을 얻었다. 만약 그들의 이마에 인을 치게 되면 더 이상 그 수를 채우게 될 교회의 멤버는 없을 것이다. 문설주에 피를 바르고 난 후 죽음이 다가오는 밤이 되면 그때는 두 진영으로 갈리는 일밖에 남지 않는다. 심판의 진영과 구원 진영으로 나뉘게 될 것이다.

문설주에 피를 바르는 시기는 죽음의 날이 오는 그날 곧 유월절 전날로 끝이 난다. 어디까지나 문설주의 피는 유월절 전에 발라야만 한다.

그날, 유월절이 오면 그때는 집안에 앉아 양의 고기를 급히 먹으며 그 밤이 지나가기를 빌어야 한다. 죽음의 영이 휩쓸고 있는데 그 상황에 피를 발라 봐야 소용이 없다는 뜻이다.

지금 나타나는 12개 지파들은 말하자면 피를 바른 어린 양의 교회들, 더이상 그 수가 늘지 않는 마지막의, 마지막의 성도들이다. 일단 바람이 불기 시작하면 인 맞지 않은 자들이 인을 맞게 될 가능성이 없다는 뜻이다. 우리는 이 상황을 고려하고 생각하면서 이 이름들을 보아야 할 것이다.

다시 한번 이곳에 등장한 이름들의 뜻을 살펴보자.

5. 유다- 찬송하다, 르우벤- 보라, 아들이다, 갓- 복

6. 아셀- 복이라고 칭하다, 납달리- 경쟁하여 이기다, 므낫세- 잊어버
   리다

7. 시므온-듣다, 레위- 연합하다, 잇사갈- 값을 주고 사다

8. 스불론- 나와 함께 거하다, 요셉- 더하다, 베냐민- 오른손의 아들

이 순서는 5절부터 8절에 등장하는 이름을 순차대로 적은 것이다. 5절에는 유다, 르우벤, 갓, 6절에는 아셀, 납달리, 므낫세, 7절에는 시므온, 레위, 잇사갈, 8절엔 스불론, 요셉, 베냐민의 이름들이 나열되어 있다.

나는 성경 곳곳에 나오는 이스라엘 지파들의 이름들의 순서를 정리하면서 그 안에서 발견되는 공통점을 찾아보려 했지만 찾을 수 없었다. 어디에도 이와 같은 순서는 없었고 다른 순서들에서 이와 연관된 듯한 부분은 발견할 수 없었다. 게다가 단과 에브라임이 빠진 순서는 더더구나 없었다.

왜, 하나님은 이스라엘 지파의 12개의 이름을 이런 식으로 나열하신

걸까. 그것도 한 구절당 3개 이름씩 총 네 개의 구절에 기록하게 하신 걸까. 정말 하나님은 단과 에브라임 지파에 있는 자들을 버리신 것일까?

다시 이스라엘이라는 이름으로 돌아가 보자.
위 12개의 이름들은 이스라엘 즉, 하나님을 이긴 자라는 뜻의 이름 안에 속해있다. 즉, 이 이름들은 예수 그리스도라는 거대한 그림 안에 속해 있는 퍼즐 조각과 같은 것이라고 할 수 있다.
또한, 이는 하나님의 교회를 상징하고 있다. 마지막에 나타날 교회든 아니든 간에 교회는 예수 그리스도 안에 있는 존재라고 할 수 있다.

따라서 이 이름들도 예수 그리스도와 교회를 표현하는 상징적인 언어일 수도 있을 것 같다는 생각을 해 보았다. 구약의 모든 일들이 예수 그리스도를 표현하는 하나님의 스케치, 설계도라면 교회의 근간이 되는 이스라엘 지파의 이름들이 아무렇게나 만들어질 리 없을 것 같다는 추측을 해보았다.
이 때문에 나는 이 이름들을 예수님의 영원성 혹은 삶과 연관 지어 보았다.
그는 하나님이자 인간이신 분이다. 예수 그리스도를 본다는 것은 그가 하신 일과 그의 이루신 업적과 그의 신성과 그의 완전한 인간으로서의 모습을 본다는 것이다. 따라서 이 이름들이 예수 그리스도와 연관이 있다면 이는 반드시 위에 열거된 몇 가지 요소들과 관계있으리라 생각했다.

유다. 이 이름의 뜻은 찬송이다. **예수님은 영원히 찬송 받으실 분이시다.** 고후 1:3절에 바울은 찬송하리로다 그는 우리 주 예수 그리스도의 하나님이시며…라고 운을 뗀다.

이렇게 예수님이 찬송 받으실 분이심을 설명하는 구절은 수없이 많다. 그는 이 땅에 오신 후에도, 오시기 전에도, 부활하여 승천하신 후에도 영원한 공간에 계시는 지금도 우리의 찬송이 되어주신다. 이는 예수 그리스도의 영원한 시공간 속에서의 모습이라고 할 수 있다.

두 번째 **르우벤**. 보라, 아들이다. **예수 그리스도는 하나님의 아들이시다.** 그가 이 땅에 오셔서 그의 영광을 나타내시기 전에도 후에도 그는 하나님의 아들이시다.

이 세상에서 사람으로서 사시다가 십자가에서 돌아가신 이후에만 하나님의 아들로 인정이 된 분이 아니라 그는 원래 하나님의 아들이었다. 이것이 그의 영원 속에 거하시는 중요한 모습 중 하나다.

세 번째 **갓**. 복이라는 뜻이다. 그는 **복의 근원이시다.** 하나님이 아브라함에게 주신 복은 정확히 말하자면 예수 그리스도가 그에게서 난다는 복이라고 할 수 있다. 그는 유다 지파의 사자요 다윗의 뿌리이신 분이시다.

이 세상은 그로 말미암아 창조되었다. 사실 모든 만물과 사람에게 주어졌던 **복의 모든 근원은 예수 그리스도다.** '갓' 즉, 복이라는 이름 또한 예수 그리스도의 영원 속 모습을 나타내는 단어라고 할 수 있다.

그는 모든 만물과 모든 천사에게 찬송 받으셨고 찬송 받으시며 앞으로도 영원히 찬송 받으실 분이다. 그는 유일한 하나님의 아들이시며 그 누구도 예수 그리스도라는 독생자의 타이틀을 대신할 수는 없다.

아들이 되시고 찬송이 되시는 그분은 우리가 누리고 앞으로 누리게 될 그리고 전에 모든 이들이 누렸던 복의 근원이며 복 그 자체라고 할 수 있다. 5절의 이 이름들은 예수 그리스도의 영원 속에 지속되어왔던 그의 모습을 보여주는 형용사적 단어들이다.

이 이름들이 담고 있는 예수님의 모습들은 그가 이 땅에 내려오시기 전에도 후에도 가지신 모습을 표현하는 듯 하다.

그다음 6절. **아셀,** '복이 되게 하다'라는 뜻이다. **예수 그리스도를 믿는 모든 이들은 하나님의 복이 될 수 있는 권세를 얻었다.** 아브라함에게 하신 약속은 그와 같이 하나님을 믿는 자로 하여금 복이 되게 하시기 위함이었다.

온 천하 만민이 그로 말미암아 복을 받게 하시겠다는 것은 언젠가 나타나실 그리스도이신 예수 그리스도의 복이 믿는 모든 이들에게 이 약속이 적용되게 하겠다는 뜻이었다.

우리는 하나님의 자녀가 되었다. 성령의 도우심으로 구원의 길을 갈 수 있게 되었고 그뿐 아니라 왕과 같은 제사장으로 하나님의 백성으로 복을 흘려내는 샘물과 같은 존재들이 되었다. 예수 그리스도를 믿음으로 복을 받아 복을 세상에 내보내는 하나님의 거룩한 성도들이 된 것이다.

그리스도이신 예수님은 그의 교회가 복이 될 수 있게 만드신 분이시다. 그가 이 땅에 오셔서 십자가를 지심으로 말미암아 우리에게 일어난 놀라운 일 중 하나는 **우리가 하나님의 복이 되었다는 것**이다. 아셀. 이 이름이 보여주는 것은 예수님이 이 땅에서 교회 안에 이루셨던 소중한 일-복이 되게 하시는 일을 의미하는 것이 아닌가 한다.

6절의 두 번째 이름 **납달리**. 경쟁하여 이기다. 여러 번 강조한 바와 같이 우리는 하나님이 요구하시는 공의와 싸워 이겨야 한다. 악한 영들과의 전쟁에서 이겨야 한다.

우리의 욕망과 싸워 이겨야만 한다. 그러나 우리는 결코 우리들의 힘으로 이 경쟁과 전쟁에서 이길 수 없다. 우리는 그런 힘이 없다.

그러나 예수님이 십자가에서 이겨주시고 죽음에서 이겨 부활하심으로 우리도 그를 믿음으로 말미암아 이기게 되었다. 세상을 이기는 힘, 죽음을 이기는 힘, 우리의 욕망을 이기는 힘, 악한 영들을 물리치는 힘, 율법이 정죄하는 바에서 이기는 힘은 모두 예수 그리스도의 이름에서 비롯된다.

그의 이름의 능력이 없이는 우리는 그 어떠한 승리도 쟁취할 수 없다. 납달리는 예수님이 이 땅에서 이겨 승리하심으로 교회에게 주신 승리를 의미한다.

하나님의 교회는 그로 말미암아 승리하게 되었다. 이것이 예수님이 교회 안에 이루신 놀라운 일들 중 하나다.

세 번째 이름 **므낫세**. 이 이름의 뜻은 '잊어버리다'. **예수님의 십자가의 사역으로 하나님은 우리들의 죄를 잊어버리셨다.** 우리의 죄가 처음부터 없었던 것처럼 예수님의 속죄하심을 통해 하나님은 우리 죄를 잊어버려 주셨다.

우리의 죄를 도말하셨고, 주홍 같았던 우리를 하얗게 씻겨 주셨다. 이 또한 예수님이 교회 위에 허락하신 중요한 선물이다.

예수님은 교회가 하나님의 복이 되게 하시고, 죄에서 이기게 하셨으며, 하나님으로 하여금 우리의 죄를 잊게 하신 분이다. **그가 영원이라는 시간 속에 계시다가 이 땅에 내려오셔서 십자가로 죽으시고 부활하심으로 인해 교회 안에 행하신 중요한 일들이 위 이름들의 의미라고 본다.**

이제 7절의 세 이름들을 보자. 첫째 **시므온**. 이 이름은 '듣다'라는 뜻이다. **예수님은 이 땅에서 일하실 때 항상 하나님의 음성을 듣고 모든 일을 행하셨다.** 그는 6절에 나온 그의 업적을 독단적으로 행하지 않으셨다.

오직 하나님의 음성을 듣고 성령의 음성을 들으시며 행하셨다. 성령이 교회들에게 하시는 말씀을 들으라는 예수님의 명령은 그의 삶에서 철저하게 본을 보이신 부분이다.

그는 항상 아버지와 함께 하셨으며 성령의 음성을 따라 모든 일을 행하셨다. 우리가 구원을 얻을 수 있었던 것은 그가 이와 같이 성령의 음성을 듣고 행하셨기 때문이다.

두 번째 **레위**. 이 이름의 뜻은 '연합하다'. **예수님은 언제나 아버지의 마음에 합하여 일하셨다.** 예수님이 계시는 곳이 곧 하나님이 계시는 곳이었다. 예수님은 자신의 의지와 상관없이 하나님의 음성을 듣고 복종하신 것이 아니다. 예수님의 마음은 하나님의 마음과 하나가 되어 일하셨다.

하나님의 기쁘심이 그의 기쁘심이 되었다. 하나님의 의지와 예수님의 의지가 하나가 된 것이다. 성령이 예수님 위에 임하셨던 것은 이와 같이 진정으로 **연합된 마음, 사랑이** 있었기 때문이라고 믿는다.

세 번째 **잇사갈**. 값을 치르다. 예수님은 우리가 치러야 할 죄의 값을 대신 치러주셨다. **십자가의 죽으심은 전적으로 우리가 치러야 할 죄에 대한 대가였다.** 예수님은 십자가 위에서 우리를 대신해 죄의 값을 치러 주심으로 6절에 일어나는 모든 일이 교회 안에 일어나게 하셨다.

7절에 나오는 이름들은 6절에 나타난 예수님의 행하신 일이, 그의 업적이 어떻게 가능했나를 보여주는 구절이다. 그가 '~~한' 방법으로 6절의 모든 일을 이루셨다는 것을 설명하는 구절이다.

하나님의 음성을 들으심으로, 하나님과 모든 뜻을 합하여, 그 자신이 값을 치러주심으로 우리가 복이 되게 하고, 죄에서 이기게 하고, 하나님으로 하여금 우리 죄를 잊게 만드셨다. 이것이 7절이 의미하는 바라고 추측한다.

8절을 보자. **스불론.** 이 이름의 뜻은 함께 살다, 거하다. 라는 뜻이다. 예수님의 속죄하심으로 우리의 죄는 하나님 앞에서 도말됐다.

그로 인해 우리에게 일어나는 '결과'는 **우리가 하나님과 영원히 함께 거할 수 있게 되었다는 것이다.** 또한, 예수님도 우리와 함께 영원히 거하실 수 있게 되었다.

두 번째 **요셉.** 요셉의 이름의 뜻은 더하다. 이는 두 가지로 생각할 수 있다. add-기존에 있던 것에 다른 것을 보태는 것을 의미하거나 혹은 plus-기존에 있던 두 가지의 다른 것이 합해지는 것을 의미한다.

특별히 요셉은 장자권을 가진 지파다. 이스라엘이라는 '하나님의 집'에 대한 권한은 요셉 지파로 전가되었다. 원래는 실제 장자인 르우벤이 이 권한을 가지고 있었으나 야곱의 첩과 동침하는 죄로 인해 르우벤은 이 장자권을 상실하게 된다. 이 때문에 장자권은 요셉 지파로 흘러가게 된다.

바울은 이방인들이 예수 그리스도로 말미암아 원가지였던 이스라엘에 접붙임을 얻어 장자의 권한을 함께 나누어 가지게 되었음을 설명한다. 이것이 복음이 말하는 핵심 논리 중 하나다.

원래 유대인과 이방인은 합할 수 없었다. 유대인들은 이방인을 부정한 자로 여기며 겸상도 하지 않았고 접촉하는 것도 금했었다. 그러나 하나님은 그 아들 예수 그리스도의 죽으심으로 말미암아 이방과 유대를 하나 되게 하셨다.

그는 모든 죽은 자들 중 첫 번째로 부활하신 분으로서 영적인 영원한 장자의 권한을 가지고 계신 분이다. 그는 그의 장자적 권한을 그를 믿는 모든 이들과 공유하길 원하셨다.

십자가

에스겔 37장에 중요한 환상이 등장한다. 에스겔이라는 인자의 손안에서 하나가 되는 두 개의 막대는 북이스라엘과 남유다의 하나 됨을 의미하기도 하지만 최종적으로는 '장자'의 권한을 가지고 있던 '유대'와 '차자'로 머물러 있던 '이방'의 하나 됨이 예수 그리스도 안에서 이뤄진다는 것을 보여주는 사건이었다.

게다가 plus '더하다'는 상징적인 기호로 나타나기도 한다. 그것은 **십자가** + 로 일축된다. 이스라엘 즉, 하나님의 공의를 이기게 된 것은 예수님이 지셨던 십자가의 죽으심 때문이다.

십자가로 승리하셔서 모든 만물의 찬송(유다)이 되어주셨다.

십자가로 죽음을 이기시고 부활하시어 하나님의 아들로(르우벤) 인정되셨다. 십자가의 복음(갓)이 곧 예수 그리스도다. 십자가를 통해 우리에게 하늘의 신령한 복을 주셨다(아셀). 십자가의 고난으로 싸워 이기셨다(납달리).

십자가의 피로 말미암아 하나님이 우리 죄를 기억하지 않으셨다(므낫세). 십자가의 뜻을 행하신 의인의 기도를 들으셨다. (시므온) 십자가로 우리의 죄값을 치러주셨다(잇사갈). 십자가로 하나님과 함께 거할 수 있게 되었다(스불론). 십자가로 모든 민족을 하나가 되게 하셨다(요셉). 십자가의 승리로 예수님은 하나님의 보좌의 우편에 앉아 계신다(베냐민).

엡 1:3~23절은 이렇게 말한다.

우리는 예수님을 찬송하게 되었다(유다). 우리로 하여금 하늘에 속한 모든 복을 받게 하심으로(아셀), 하나님의 아들들이(르우벤) 되게 하시는 복을(갓) 누리게 하시고 그의 은혜를 찬송하게 하시고 그의 피로 말미암아 죄 사함을 얻게 하셨다(잇사갈).

하늘에 있는 것이나 땅에 있는 것이 다 통일되게(요셉)하시는 분은 오직 예수 그리스도이시며 그는 십자가를 통해 이 일을 이루셨다. 하나님의 능력이 그를 다시 살리셔서 자신의 오른편에 앉게 하시는 일 또한 십자가의 순종하심 때문이었다(베냐민).

또 2:11~22절은 **이방과 유대의 하나됨이** 예수님의 보혈로 인해 일어난 것임을 상세하게 설명하고 있다. 바울은 이러한 엄청난 일이 오로지 예수님의 십자가의 사역을 통해 교회 안에 일어난 일임을 강조한다.

이스라엘 자손들의 이름은 이 어마어마한 사역들을 한 번에 나타내는 상징적이고도 거대한 예언이라고 할 수 있다.

예수 그리스도라는 이 존재는 우주적인 사건들 즉, 죄로 인한 인간의 역사와 하나님의 심판과 구원을 총망라하여 보여주는 거대한 프레임이다.

그는 십자가라는 한 번의 사건을 통해 이 우주적인 문제들을 단번에 해결하셨다. 그러나 그분 혼자 이 일을 이루신 것이 아니라 하나님의 성령이 아버지의 뜻을 따라 한마음과 한뜻으로 이 일을 이뤄주셨다.

우리의 이김은 우주적 최대 난관이었던 죄의 문제가 해결된 사건이다. 이 세상을 창조하신 하나님이 오랫동안 철저하게 계획하신 사건으로 인해 해결된 것이다. 십자가 안에는 이스라엘을 택하신 이유가 들어있다.

십자가 안에 그의 약속이 망라되어 있다. 십자가 안에 심판이 있고 십자가 안에 그 심판 속에서 얻어진 구원이 존재한다. 십자가 안에서만이 하나님이 우리에게 주시려고 했던 복이 실제 주어지는 것이 가능했다.

십자가에서 하나님은 그의 아들이 찢기는 고통을 겪으셔야 했다. 그의 아들의 죽음을 계획했다. 그리고 하나님은 그를 부활하게 하셨다. 그로 말미암아 그를 믿는 모든 이들이 죽음에서 부활하게 하여 영원히 복을 누리게 하셨다.

예수 그리스도의 십자가 안에서 모든 만물, 유대와 이방이 하나가 되는 놀라운 일들이 일어나게 되었다.

그 누가 예수 그리스도를 대신 할 수 있단 말인가. 그 누가 하나님의 우편에 앉을 수 있단 말인가. 그분 외에는 아무도 그 자리에 앉을 수 없을 것이다. 그는 모든 만물 위에 뛰어나신 영원히 찬송 받으실 하나님이

시다.

'**베냐민**'이라는 이름은 아마도 **이렇게 모든 것을 이기시고 하나님의 우편에 앉으시게 된 그의 형상과 위치를 표현한 말**이 아닐까 한다.

스불론은 우리와 함께하시는 예수님, 동시에 **교회로 하여금 하나님과 함께할 수 있게 만드신 예수님**을 보여준다. 요셉은 이방과 유대를 하나 되게 하시고 하나님과 하나 되게 하신 예수님을 나타낸다.

베냐민은 이 모든 일을 행하시고 이기신 예수님의 위치, 하나님의 오른편에 계신 그 분을 나타내고 있는 것 같다.

8절의 세 이름은 **예수님이 이 땅에서 십자가의 일을 통해 묶였던 문제들이 풀리게 된 후 영원 속에서 영원히 교회 안에 이루실 일과 그와 함께하시는 예수님의 모습**을 보여주는 게 아닌가 한다.

단과 에브라임

다시 정리해 보면,

유다, 르우벤, 갓의 이름이 있는 5절은 예수님의 영원한 모습을 나타낸 구절, 6절의 아셀, 납달리, 므낫세는 예수님이 이 땅에 오셔서 교회 안에 행하신 일들을, 7절의 시므온, 레위, 잇사갈은 6절에서 보여주신 예수님의 업적들이 어떻게 이뤄졌는가를 보여주는 구절이다.

247

8절은 이 땅에서 십자가를 지신 이후 영원 속에 계신 예수님의 모습을 의미한다고 본다.

영원히 우리와 함께하시며, 이방과 유대를 하나가 되게 하신 하나님의 나라로, 하나님의 우편에 앉아계신 하나님의 아들로서 영원히 교회 가운데 거하시는 그의 모습을 나타내고 있다.

5절-예수님의 영원한 모습
6절-이 땅에서 사역하신 그의 업적
7절-6절의 업적을 이루신 방법
8절-십자가를 지시고 부활하시어 영원토록 나타나실 예수님의 모습

이스라엘 12지파의 이름들은 이와 같은 예수님의 모습을 나타내는 커다란 프레임이다. 이 프레임 안에 교회가 존재한다. 오로지 예수 그리스도의 능력으로, 그가 이루신 업적으로 인해 교회는 위에서 말하는 '복'을 예수 그리스도와 함께 누릴 수 있음을 보여주는 예언과 언약이 바로 이스라엘 자손들의 이름들이라고 할 수 있을 것이다.

그렇다면 왜 단과 에브라임은 이 자손들의 수에서 빠져있을까.

단은 '심판하다'라는 뜻이다. 7장에 나온 이스라엘 자손들은 구원받은 무리들이다. 더 이상 심판이 그들을 이길 방법이 없는 자들이다. 인 맞은 자들은 예수 그리스도로 말미암아 율법이 정죄하는 정죄에서 벗어난 복을 누린 자들이다.

이들이 비록 환란에 들어가지만, 그들은 그 환란에 영향을 받지 않는 인 맞은 자들이다. 따라서 심판이 그들을 지배할 수 있는 권한이 없다.

출애굽의 유월절에 비유한다면, 그들의 집 문설주에는 어린 양의 피가 묻혀있고 죽음의 날에 죽음의 영은 그들을 건드리지 못한다. 이 때문에 단 지파가 여기에서 빠져있을 것이라는 추측을 해보는 바다.

또한, 에브라임. 이 이름의 뜻은 '번성하다'라는 의미다. 앞서서 설명한 바와 같이 인 맞은 자들이 출현하는 시기는 거대한 환란의 때가 닥치기 직전이다. 유월절 곧 장자들의 죽음이 일어나기 전이다. 심판이 임하기 전이다. 인을 맞는 것은 그들의 집 문설주에 피를 바르는 것과 같은 의미다.

따라서 만약 죽음의 날, 유월절이 오기 전에 누구든 하나님의 말씀을 믿고 준비한 자들은 그 죽음을 피할 수 있다. 그러나 믿지 않고 문설주에 피를 바르지 않는다면 그는 심판을 면하지 못할 것이다.

일단 유월절이 다가오면 믿음을 가진 이스라엘 진영의 사람들의 수는 더 이상 늘어나지 않는다.

어린 양은 가족당 한 마리를 희생시킬 수 있다. 이는 다른 사람이 그날 문설주에 피를 바른 집에 갑자기 들어간다고 해도 죽음을 면할 수 없다는 것을 보여준다. 문설주에 피를 바르는 시기는 유월절이 임하는 그 전날까지다.

인 맞은 자들의 수를 정하신 것은 이처럼 믿을 수 있는 기한이 정해져 있음을 보여주시는 장면이라고 할 수 있다. 믿음도 언제까지나 가질 수 있는 선물이 아니다.

믿음으로 말미암아 의를 얻는다는 이 선물과 같은 은혜와 진리는 오직 하나님이 허락하신 그때에만 얻을 수 있다. 따라서 '번성하다'라는 뜻의 에브라임 지파는 이곳에서 빠져있을 수밖에 없을 것이다.

청함을 받은 자들이 많을지라도 택함을 얻은 자들이 적다는 주님의 말씀은 이와 같은 환란의 시기에 더더욱 그 형태를 드러내고 있다. 하나님의 말씀을 증거하고 그로 인해 고난을 받는 하나님의 종들은 오직 예수 그리스도의 업적을 믿고 그를 따름으로써 그들의 믿음을 나타낸다.

인을 맞았다는 것은 그들이 성령 안에 있다는 것을 증거 한다. 성령이 그들에게 오셨다는 것은 심판이 그들에게 임하지 않는다는 것을 의미한다. 예수 그리스도의 의로우심이 그들에게 있기 때문에 그들은 결국 심판을 이긴 자들로 서 있다는 것을 보여준다.

이스라엘 즉, 하나님을 이긴 자의 진영에 서 있는 자들이 하나님의 공의가 판단하는 심판에 속할 수 없는 것은 당연한 이치다. 그러나 이러한 믿음의 시기도 오직 하나님의 기한과 때가 있음을 하나님은 7장에서 계시하신다.

우리의 선택과 하나님의 택하심. 이 조화로운 기적도 언젠가 끝날 수 있음을 우리는 이곳에서 확인할 수 있다.

3장

144,000

100마리의 양들

정말 많은 논란이 될 수 있는 이 숫자에 대해서는 나는 내게 주신 해석이 '정확하다, 이것이다'라고 확언하지 않을 것이다. 성령이 내게 주신 해석과 레마 임이 분명하지만, 이는 어찌 보면 진리라는 거대한 실체의 어느 한 단면이라고 생각한다. 분명히 말하지만 내가 지금 여기서 쓰는 해석들은 하나님의 완전한 진리를 완전하게 푼 것이 아니다.

다만 이것을 적는 것은 진리의 한 단면일지라도 우리가 복음 안에서 마지막을 준비하는 데 조금이라도 도움이 될 수 있을 것 같다는 확신 때문이다.

이 책의 내용을 완전한 진리로 신뢰하기보다는 이것을 읽고 독자들 스스로 계시록을 연구하고 더욱 깊이 들여다보기를 원한다. 그것을 통해 각자에게 주시는 하나님의 계시가 또 다른 은혜를 비춰줄 수 있기 때문이다.

무엇보다도 이 계시록을 통해 말씀하시는 하나님의 복음이 마음 판에 확실히 각인되기를 원한다. 그 어떤 책보다도 계시록은 복음이라는 하나님의 영원한 나라의 터와 기촛돌이 없이는 볼 수 없는 책이기 때문이다.

144,000

요한은 이 숫자를 로마에서 썼던 숫자 기호로 표기하지 않았다. 그는 단어로 이 숫자를 기입했다. 한국어로 '십', '사만', '사', '천'이라고 표기한 것과 같다. 영어로는 'hundred', 'forty', 'four, thousand'이라고 표기한다.

이곳에 적힌 헬라어를 순서대로 나열해 보면,

εκατον-100, τεσσερακοντα-40, τεσσαρες-4, χιλιαδες-1000

이 단어들이 무엇을 의미하는지를 알아보기 전에 우리가 인식해야 할 이 단어들의 배경은 이 단어들이 가리키고 있는 숫자가 '이스라엘'의 '인 맞은 자들'이라는 점이다. 그들은 거대한 환란을 맞이하기 직전의 사람들이고 이스라엘, 하나님을 이긴 자의 진영에 속한 자들이다.

따라서 144,000을 표현하는 단어들도 모두 이긴 자들에 관한 것들이며 무엇보다도 교회에 관한 의미와 상징을 담고 있음을 기억해야 할 것이다.

처음 단어, 에카톤(εκατον)은 100을 의미한다. 나는 이 단어를 보며 성경에 나오는 100에 관한 구절들을 찾아보았다. 그중 교회와 관련된 것들, 특히 예수 그리스도께서 세우신 교회와 연관된 것들을 생각하고 찾아봤다. 그러다 보니 이 숫자가 예수님이 말씀하신 어느 특정 집단과 연관이 있다는 것을 깨닫게 되었다.

마태복음 18장에서 예수님은 어떤 이가 가진 양 100마리에 관하여 비유를 들어 설명하신다. 99마리는 우리(cage) 안에 있고 나머지 한 마리는 잃어버린 양이다. 예수님은 그 잃어버린 한 마리를 찾는 목자에 관한 이야기를 하신다. 이는 예수님이 천국에서는 누가 크냐에 관한 제자들의 질문에 대한 대답 중 하나였다.

예수님은 제자들의 질문에 대답하시길 누구든 어린아이와 같이 되지 않으면 천국에 들어올 수 없다고 말씀하시면서 소자, 잃어버린 자를 귀히 여기라는 답을 주신다.

누가 크냐가 중요한 것이 아니라 작은 자를 귀히 여기는 마음이 중요하다는 것이다. 예수님은 천국에 들어올 모든 자들을 귀하게 여기시며 큰 자든 작은 자든 한 사람이라도 잃지 않는 것이 아버지의 뜻임을 가르치신다.

다시 마태복음의 구절로 돌아가 보자. 어떤 이가 소유한 양의 수는 총

100마리다. 이는 상징이다. 실제 예수님이 소유하신 양들이 100마리라는 것이 아니라 그가 소유하시는 모든 양을 100이라는 수로 상징화하신 것이다.

99마리는 '모든' 양들의 수가 아니다. 나머지 잃어버린 한 마리를 데리고 와야만 100마리의 '완전한 양무리의 수'가 채워진다.

이 양무리는 어떤 이들을 뜻하는가. 예수님의 이름을 믿고 그의 나라에 들어오게 된 교회, 성도들을 의미하고 있다. 따라서 양 100마리는 교회 안에 속하게 된 모든 성도들의 수, 예수님이 찾으시고 구원하신 모든 성도들을 의미할 수밖에 없을 것이다.

만약 144,000이라는 수가 인 맞은 자들의 무리, 교회와 연관이 되어 있다면 이곳에서 사용하는 100은 교회의 모든 성도들, 144,000에 들어오게 될 '모든 성도들'을 상징한다고밖에 볼 수 없다.

따라서 나는 144,000이 가리키고 있는 주어 즉, '누가'(who)는 100에 해당하며 이는 144,000을 구성하는 모든 양 무리의 수, 예수님이 구원하실 모든 성도들을 의미한다고 본다.

그다음, 40, τεσσερακοντα(테세라콘타)을 보자. 이 숫자는 굳이 내가 부연 설명을 하지 않아도 교회를 다니는 성도라면 거의 다 알고 있는 너무도 유명한 숫자다.

40은 출애굽 때에 이스라엘 백성들이 광야에 머물렀던 해(year)수다.

그들은 40년을 훈련받고 가나안 땅으로 들어갔다. 또한, 모세가 훈련받은 해 수이기도 하다. 그는 40세 때 애굽에서 나와 40년을 광야에서 훈련받은 후 이스라엘의 지도자로 부르심을 받았다.

또한, 예수님은 40일 동안 광야에서 금식하시며 사단에게 시험을 받으셨다. 엘리야도 40일을 금식한 후에 하나님의 음성을 들었다. 40일은 이처럼 성경에서 훈련의 때, 장소를 의미한다.

모든 성도들은 반드시 훈련의 때를 거친다. 고난의 때를 지나갈 수밖에 없다. 이는 가나안 땅 즉, 영원한 약속의 땅에 들어가게 될 모든 성도들이 반드시 거쳐야 하는 과정이다. 특별히 마지막 때에 쓰임 받을 성도들은 더더욱 그러하다.

그들이 마주해야 할 광야는 계 12장에 나온 것과 같은 광야다. 요한은 그곳을 광야라고 지칭하며 마지막 중요한 고난의 때에 사단으로부터 피해 있는 곳이기도 한 그곳에서 교회는 양육을 받는다고 기록한다.

하나님은 출애굽 한 그의 백성들을 안전하게 지키는 동시에 그들을 영적으로 훈련하시는 장소로 광야를 택하셨다. 그분은 그의 백성들을 만나와 메추라기로 먹이시고 율법을 가르치시며 양육하셨다.

광야는 성도들이 거쳐야 할 하나님의 훈련 장소이고 이 장소를 지나야만 비로소 하나님의 약속에 들어갈 수 있는 하나님의 성도들로 성장

할 수 있다.

물론 하나님의 약속의 땅에 들어갈 성도들이 자신들의 공로로 그 땅을 밟을 수 있는 것은 아니다. 성도는 어디까지나 하나님의 은혜 곧, 예수 그리스도의 공로로 그 나라에 들어가게 된다.

그러나 우리는 그 능력을 우리 안에 굳히고 믿음의 사람으로 성장하는 훈련을 지속해서 해야 한다는 것을 잊지 말아야 한다. 가나안 땅에 들어가기까지 이스라엘 백성들은 수많은 전쟁을 거쳐야만 했다. 정복해야 했고 이겨야만 했다.

하나님을 믿는다는 것은 이처럼 그의 능력을 믿고 전쟁에 임한다는 것 또한 믿는 것을 의미한다. 이를 위해서는 반드시 광야라는 훈련이 필요하다. 이 가운데서도 우리는 언제나 우리 안에 있는 욕심과 부패에 대응하여 싸워야 한다.

매일 싸우는 훈련이 우리에게 있다면 육체를 점거하고 있는 사단은 우리의 영혼을 파괴하는 연단을 이루지 못한다.

다시 말하지만 한 번 청소했다고 해서 영원히 집이 깨끗해지지 않는 것과 같이 거듭난 후에도 우리는 매일 거룩함을 향해 나아가기 위하여 말씀과 기도로 우리 자신을 지키고 훈련해야만 한다. 이것이 진정한 교회의 모습이다.

교회는 반드시 고난의 광야를 지나야 한다. 영원한 영광에는 반드시 잠깐의 고난이 존재한다.

그러나 그 고난은 단순히 세상에 있는 사람들과 같이 고통스럽기만 한 고난이 아니다. 하나님이 허락하시는 육체의 연단은 우리의 영혼을 유익하게 한다. 어디까지나 우리를 강한 용사로 거듭나게 하시기 위한 거룩함의 훈련 과정이다.

육에 지배당하고 있던 우리 영혼이 오히려 육을 지배하고 성령의 음성에 더욱 민감히 반응하는 영적인 유기체가 되게 하기 위한 반복적인 훈련이라고 할 수 있다. 하나님의 의와 공도를 실행하기에 가장 좋은 상태로 탈바꿈하는 것이다.

그와 동시에 하나님은 우리를 광야에서 충분한 양식으로 먹이시며 그의 날개로 보호하시고 그의 눈동자로 우리를 지키신다.

이러한 과정을 지나는 자들이 바로 교회라고 할 수 있다. 이 때문에 40은 마지막 때에 완전히 채워질 양 무리들이 무엇을 할지에 관한 상징을 담고 있다.

예수님이 구원하시는 마지막 때의 양 무리들은 반드시 광야를 지나면서 훈련을 받게 될 것이다. '누가'(100)가 등장했고 '무엇을'(what-40, 훈련)이 나왔다.

다음, 4-τεσσαρες(테사레스)는 지금까지 풀이한 계시록의 상징들을 잘 기억해 두었다면 말하지 않아도 알 것이다. 4는 세상을 의미한다. 4계절, 4방향은 세상을 말할 때 빠질 수 없는 불변의 상태다.

지구의 어디를 가도 동서남북 4개의 방향밖에 존재하지 않는다. 또한, 4계절은 지구 곧, 땅에서 일어나는 시간의 경계다. 사람은 이 경계 안에서 움직인다. 이를 벗어나서는 사람이 호흡하며 살아갈 수 없다.

따라서 4는 마지막 때의 양무리들이 훈련을 받는 장소를 의미한다. 그들의 훈련 장소는 다름 아닌 '삶'이다. 지구에서 보내는 '생', '육체의 때'라고 할 수 있다.

시간을 지나고, 땅에서 살아가며 닥치는 환란과 고난을 지나야만 한다. 이 과정을 통해 하나님은 그의 백성들을 훈련하실 것이다. 그러나 감당할 수 있는 만큼만 시험과 훈련을 허락하실 것이다. 믿음으로 이길 수 있도록 인도하실 것이다.

우리의 믿음의 선진들이 그래왔고 앞으로도 교회는 이들이 거쳤던 것과 같은 고난과 훈련을 통해 하나님의 말씀과 증거를 가지고 증인의 삶을 살아가게 될 것이다.

4는 '어디서'(where-세상에서, 땅에서)에 관한 것이다. 마지막 때의 양무리들은 '삶을 살아가는 땅'에서 훈련받게 될 것이다.

마지막으로 1000이 남았다. '누가'가 나오고 '무엇을'이 나왔고 '어디서'가 나왔다면 남은 것은 '언제'에 관한 것이다.

'어떻게'에 관해서는 우리는 이미 답을 알고 있다. 인을 맞았다는 것이 그에 관한 답이다. 인치심을 받았다는 것은 성령의 인도하심을 받는다는 것이다.

또한, 그들의 이름이 이스라엘이라는 것 또한 예수 그리스도의 승리로 이김을 얻는다는 '어떻게'에 관한 부분이다. 일곱 교회의 서신에서 예수님은 '귀 있는 자는 성령이 교회들에게 하시는 말씀을 들을지어다'라는 말을 7번이나 반복하신다.

예수님이 구원하시는 양들이 광야에서 훈련받고 생을 살아가며 승리할 수 있는 이유는 오직 예수 그리스도의 인도하심과 성령의 도우심 때문이다. 이것이 곧 '어떻게'에 관한 답이고 형상이라고 할 수 있다.

그다음 언제에 관한 단서, 1000이 나오는 구절은 많지 않다. 벧전 3:8절에 '주께는 하루가 천년 같고 천 년이 하루 같다는 이 한 가지를 잊지 말라'고 베드로가 말한다.

베드로의 이 말은 무엇을 의미하는 걸까. 베드로가 말한 이 구절은 하나님의 마지막 때의 심판이 그저 허황된 전설로만 들릴까 염려되었기 때문이다. 마지막이 온다, 온다 하면서 그때도 오지 않았던 것과 같이 주님이 다시 오시어 심판하신다는 것이 그저 말로만 하는 전설일 뿐이라는 사람들의 생각을 향해 일침을 날린 것이다.

베드로의 이 말은 하나님이 오신다고 하는 날 수를 천년에 빗대어 생각하라는 뜻이 아니다. 성경에 나온 날수를 계산하여 주님의 오시는 때를 추측하라는 말도 아니다.

다만 베드로는 우리가 생각지 않을 그때 주님은 반드시 오실 것이라는 하나님의 때를 강조했을 뿐이다. 하나님의 때는 하나님께 속해 있다. 그의 때는 예수 그리스도 안에 있다. 예수님을 보내시는 때가 하나님의 때다.

은혜의 때가 있고, 추수할 때가 있고 이른 비가 올 때가 있으며 기다려야 할 때도 있다. 하나님의 구원의 때는 아무도 예측하거나 추측할 수 없다.

심판의 때도 마찬가지다. 따라서 144,000이 지나게 될 훈련의 때도 오직 하나님만이 아신다. 그들이 지나게 될 엄청난 환란의 때가 언제 올지는 아무도 알지 못한다. 다만 우리가 아는 것은 하나님이 정하신 때에 그 일이 일어나게 될 것이라는 점이다.

종합해보면, 144,000은 하나님의 때에(1000), 이 땅에서(4), 훈련과 환란을 통과하는(40), 구원받은 모든 성도들(100)을 의미한다. 다시 말하지만, 이 해석은 진리가 아니다.

다만 이 해석이 구원은 이 땅에서만 얻을 기회이며, 마지막은 하나님의 때에 있다는 것과 교회는 반드시 훈련의 과정을 통과해야만 하는 성경의 말하는 바와 부합한다는 것을 말하고 싶다.

마지막 때에 인을 맞은 특수한 경우라고 할지라도 이러한 절대 진리에서 벗어난 교회는 그 어디에도 없을 것이기 때문에 나는 이 해석에 타당성이 있다고 여길 뿐이다.

우리는 마지막을 살아가고 있는 성도들이다. 베드로가 염려한 바와 같이 세상에 종말이 온다는 수많은 소문들이 마지막을 준비하지 못하게 하지 않도록 하나님은 계시록을 준비하셨다고 믿는다.

당시 이해하지 못했던, 또 1,000년 전에 이해하지 못했던 계시록의 장면들이 어느 정도 이해가 되기 시작한 때는 채 100년도 되지 않는다. 세상이 빠르게 움직이고 온 세상이 하나가 되어가려는 움직임은 요한도 1,000년 전 사람도, 500년 전 사람들도 상상치 못했던 부분이었다.

그러나 지금 우리는 이러한 것들을 이해할 만큼 변화된 세상, 마지막을 향해 성큼 다가선 세상을 살아가고 있다. 그러나 중요한 것은 하나님의 교회는 모든 교회들이 그랬던 것처럼 광야를 지나고 하나님의 때를 기다리고 잃어버린 양들을 찾아야 하는 사명을 완수해야 한다.

마지막의 때가 올 것임을 아는 동시에 그날이 정확히 언제인지 알지 못하는 것은 이러한 교회의 사명을 성도들이 반드시 수행해야 하기 때문이라고 믿는다.

하나님의 성도들은 환란을 준비해야 하고 하나님의 때를 준비해야 하지만 우리는 나팔수로서 우리가 서 있는 각자의 자리에서 하나님의 말씀과 증거를 가지고 살아가야 한다.

에베소, 서머나, 버가모, 두아디라, 사데, 빌라델비아, 라오디게아 각 일곱 교회에게 같은 말씀이 아닌 각 교회에 맞는 말씀을 주신 것은 각 교회가 살아가는 곳, 때에 맞게 성도로서의 의무와 책임을 다하여 주님의 때를 준비하기를 원하셨기 때문이라고 믿는다.

일곱 교회 모두 환란이 있다. 각자가 가지고 있는 나름의 광야를 지난다. 언제 그 고난이 끝날지 혹은 그 고난이 언제 다가올지 모르나 주님의 인을 맞은 자들로서 항상 성령과 함께 동행함으로 하나님의 때를 지날 것이다.

이 생을 살아가는 동안 그들 또한 144,000의 수에 속한 자들로서 살아가야만 이길 수 있음을 하나님은 당시의 성도들에게도 보여주신 것이다.

이것을 읽는 지금의 성도들은 더더욱 두 눈을 부릅뜨고 기억해야 할 것이다. 마지막은 이제 코앞에 이르렀다. 주님이 이제 문 앞에 이르셨다. 전무후무한 환란의 때가 우리의 삶에서 올지 혹은 우리의 삶이 끝나고 올지 아무도 모르지만 중요한 건 준비하고 있어야만 한다는 것이다.

기회는 단 한 번이다. 우리가 육체에 있으므로 매일같이 우리 안에서 우리를 잡아끄는 사망의 법과 싸워야 하지만 그럼에도 천국에 들어갈 기회는 오직 생에 머물러 있을 때뿐이다.

분명한 사실은 하나님의 인치신 자들은 하나님이 지키실 것이다. 하나도 잃어버리시지 않고 마지막 날에 다 살리실 것이다. 그러나 그렇다고 해서 그 은혜를 땅속에 묻어두는 어리석은 자가 하나도 없기를 바란다. 매일 두루마기를 빨고 그의 피로 나를 정결케 하는 믿음의 행위는 '어떻게'에 관한 것이다.

사단은 매일 우는 사자와 같이 우리를 삼키기 위해 쉬지 않고 멸망의 기회를 노린다. 성령은 이를 대적하시기 위해 우리 안에서 이길 수 있는 전략을 우리에게 말씀하시고 행하기를 원하신다.

우리는 하나님에게서 멀어질 수도 있는 권한도 가까이 붙어있을 수 있는 권한도 있음을 기억해야 한다. 하나님이 택하셨을지라도 우리 스스로가 하나님에게서 멀어진다면 사단은 우리의 영혼을 쟁취할 수도 있다.

매일 도사리고 있는 선악과의 위험에서 매일 우리는 하나님의 생명 나무의 실과를 선택해야만 하는 것이다. 우리는 치열한 전쟁 속에 있다. 믿음은 이와 같은 전쟁에서 이기는 유일한 방법이고 이를 지키기는 결코 쉬운 일이 아니다.

만약 구원이 한 번 믿는 믿음으로만 끝날 것이었다면 그 엄청난 능력의 성령 하나님이 우리 안에 오셔서 임재하실 필요가 없을 것이다. 굳이 그의 천재적인 전략도 필요 없었을 것이다. 그의 죽으심이 모든 죄를 단번에 끝내셨으나 그것을 믿는 믿음은 우리가 매일 지켜야 한다.

그리고 자라야 한다. 그만큼 치열하고 목숨을 걸어야 하는 생존이 달려있기 때문에 성령이 우리 안에 오시고 예수님이 죽어주신 것임을 기억해야 한다.

12000

12지파, 12사도들은 각각 구약과 신약을 구성하는 기본 멤버들이다. 12지파는 구약의 교회를 시작하는 데 있어 가장 중요한 구성원이었다. 이들을 통해 이스라엘 민족이 탄생했고 이스라엘이라는 국가가 형성되었다.

무엇보다도 그들은 예수 그리스도가 태어나게 하는 제사장적 국가이자 그릇이었다. 따라서 이스라엘 12지파는 구약이라는 시간을 채우는 중요한 교회의 구성원들이라고 할 수 있다.

또한, 12사도들도 마찬가지다. 구약에 12지파가 있었다면 신약에는 12사도들이 있었다. 예수님은 12명의 사도들을 택하시고 부르셨다. 그들을 통해 새로운 언약이신 예수 그리스도의 교회를 세우게 하시고 교회의 터를 닦게 하셨다.

12지파는 옛 언약의 교회를, 12사도는 새 언약의 교회를 상징한다고 볼 수 있다. 따라서 12는 구약의 공간, 신약의 공간을 채우는 상징적인 숫자라고 봐도 무리는 아니다.

또한, 계시록 4장에 등장하는 24장로들도 이 숫자와 무관할 수 없다. 이 24장로들이 반드시 구약의 12지파와 신약의 12사도들이라고 할 수는 없지만 24가 상징하고 있는 시공간 즉, 인류의 모든 역사라는 공간을 채우고 있다는 것으로 볼 때 12이라는 숫자 또한 어떠한 기간을 나타내는 숫자라고도 할 수 있을 것이다.

이와 같이 성경에서 채움의 숫자로 나타나는 또 다른 숫자들은 12 말고도 7, 10, 24 등이 있다. 일곱 교회, 일곱 머리, 일곱 등불이나 십계명, 출애굽 때의 10가지 재앙과 같은 숫자들도 어떠한 기간이나 사건을 채우는 상징적 숫자라고 할 수 있다.

이 숫자들을 넘어서거나 미처 채우지 못하면 완전한 기간이 되지 못한다. 12달이 지나야 1년이 되고 24절기를 지나야 1년이 지나며 10이라는 숫자가 넘어가면 또다시 1이라는 수로 그다음의 공간을 채우게 된다.

또한, 일주일도 7일이 지나면 또 다른 일주일로 시간의 공간이 넘어가게 된다.

이처럼 12도 무언가를 채우는 상징적인 숫자라고 할 수 있다. 그렇다면 성경에서 12는 어떠한 영역을 나타내는 숫자일까. '일곱'의 경우는 그 대상이 하나님의 진영이든 사단의 진영이든 인류가 시작되고 끝이 나게 되는 시간을 채우는 상징적인 숫자로 사용되었다.

반면에 10은 온전히 세상과 관계된 숫자다. 10가지 재앙은 세상을 심판하기 위해 채우는 숫자이고, 10달은 한 사람이 땅에 태어나기 위해 채우는 숫자고 10계명은 죄의 세상에서 살아갈 때 필요한 법에 관한 숫자다.

성경이 아닌 모든 이들이 알고 있는 상식적인 선에서 12를 생각하면 이 또한 세상과 교회가 지나고 있는 세월의 공간이라고도 할 수 있다. 한 해라는 공간을 채우기 위해서는 12달이 지나야 하기 때문이다.

그러나 우리는 지금 이 숫자를 하나님의 교회와 연관 지어 생각해 봐야 한다. 성경에서도 교회를 상징하는 해, 달, 별들은 하나님이 sign(징조), time(때 혹은 계절-season), day(날, 낮), year(해)를 나타내게 하기 위해 창조하신 피조물들이다. 다른 말로, 어떠한 시기를 보여주는 지표로 사용되는 피조물들인 것이다.

요한복음에서 예수님은 자신이 나타내시는 것들을 표적(sign)이라고 표현하시며, 자신의 때(time)가 올 것임을 강조하셨다. 또한, 그분은 자신이 있는 때가 낮(day)이라고 말씀하셨고 그가 계시는 때가 곧 은혜의 해

(year)임을 성경은 선포한다. 해, 달, 별들은 첫날 창조 시 임했던 빛이 아니었다면 창조될 수 없는 광명체들이다. 창조는 오로지 이 빛 가운데서 이뤄졌고 광명체도 이 빛으로 인해 창조된 피조물이다.

요셉의 꿈에서 나타난 해, 달, 별들은 각각 이스라엘의 12지파와 야곱과 레아를 상징하고 있다. 하나님의 빛을 담는 존재, 하나님의 빛을 세상에 비추는 존재는 다름 아닌 교회이며 낮에 속한 존재들이다.

예수님의 빛으로 인해 창조된, 빛을 비추고 그의 영광을 나타내는 존재는 교회일 수밖에 없다.

하루 24시간 중 낮은 12시간이다. 이 안에 들어온 자들이 하나님의 교회, 예수님이 구원하신 교회를 나타내는 때라고 할 수 있을 것이다.

우리는 밤에 속한 자들이 아니요 오직 낮에 속한 자들이다. 따라서 12는 낮에 속한 교회, 영적으로 택함을 얻은 교회가 아닌가 생각해 보는 바다.

또, 예수님이 오천 명을 먹이시고 난 후에 거두게 된 12광주리도 그와 비슷한 맥락을 가지고 있다고 여겨진다. 이는 요한복음 4장에서 언급하신 추수와 연관이 있는 것 같기도 하다.

추수도 곡식 즉, 말씀으로 뿌려진 씨앗의 열매를 거두는 것이고 12광주리도 예수님이라는 양식을 통해 얻게 된 열매들을 거둔 결과이기 때문이다. 이는 교회를 상징하는 것이며 이들은 곧 마지막 때에 거두어들일 알곡, 하나님이 택하시고 부르신 하나님의 성도들을 의미한다고 본다.

하나님은 옛 언약의 교회로 12지파를 택하시고 새 언약의 교회를 위해 12사도들을 부르셨다. 이와 같이 예수 그리스도의 성도들도 그의 부르심과 택정함을 통해 언약 안에 들어오게 된 사람들이다(벧전 1:2).

이들의 숫자를 12로 상징화하는 것은 앞서 144,000의 100의 개념과 비슷한 상징이라고 할 수 있을 것이다.

144,000을 100, 40, 4, 1000으로 나누어 해석한 것과 같이 각 지파에서 인 맞은 자들 12,000을 각각 12와 1000으로 구분해서 생각해 보면 144,000의 구성원들이 어떻게 해서 이뤄진 것인가를 더 자세히 볼 수 있으리라 생각한다.

앞서 설명한 바와 같이 12가 '하나님이 택정하심'을 나타내는 숫자라면 144,000을 구성하는 12지파의 수는 **온전히 하나님이 택하심을 얻은 백성들**'이라는 것을 알 수 있다.

12,000이라는 숫자는 하나님의 때에(1000), 세상에서(4), 고난과 훈련을 지나(40), 예수님의 어린 양이 되는 것은(100) 온전히 그들의 공로로 얻어지는 것이 아니라는 것을 보여준다. 물론 이 과정에서 성도들은 자

신의 모든 뜻과 마음을 다해 하나님의 택하심을 지켜내야만 하고 훈련의 과정을 인내함으로 버텨야 한다.

그러나 하나님의 택하심이 없다면 이것도 할 수 없을 것이다. 예수님은 수많은 사람들이 그분의 행하시는 표적을 보면서도 믿지 않는 그들의 마음을 보시면서 말씀하신다.

너희가 나를 믿지는 않는 것은 너희가 하나님께로부터 오지 않았기 때문이라고 증언하신다. 그분의 말을 깨닫지 못하고 그가 진정으로 보여주시려는 표적을 보지 못하는 것은 그들이 마귀의 자녀이기 때문이라고 말씀하신다.

우리는 이러한 말씀을 보면서 고개를 갸우뚱하게 된다. 그렇다면 우리의 노력은 아무런 힘도 없는 것인가. 우리가 아무리 선택한다 한들 하나님이 택하시지 않으면 구원받을 수 없다는 것인가.

그렇다면 우리가 예수님의 십자가를 믿으면 구원을 얻는다는 약속은 무엇인가. 우리의 선택은 우리의 영혼을 구원시키는 데 있어 아무런 영향도 끼치지 못한다는 것인가. 이런 질문들을 쏟아낼 수밖에 없을 것이다.

또, 요한은 이사야의 말씀을 인용하면서 그들이 깨닫지 못하는 이유는 깨닫지 못하는 마음과 듣지 못하는 귀를 주셨기 때문이라고 기록한다.

그렇다면 그들이 구원받지 못하는 이유는 하나님이 그렇게 하지 못하게 하셨기 때문이 아닌가, 하는 질문을 할 수도 있다. 하나님의 택하심과 인간의 선택 중 어떤 것이 인간의 구원을 결정짓는 것일까.

이러한 논제는 예수님의 교회가 생겨난 이래 쭉 이어져 왔던 질문이었다. 이런 어려운 문제에 대해 나는 확실하게 답할 수 없다. 혹 어떠한 답을 찾아냈다고 해도 그것이 확실한 것이라고 말할 수 없다.

왜냐면 나는 이런 기적을 설명할 만한 충분한 지식도 역량도 없기 때문이다.

누군가가 누군가를 사랑하게 되고 그 누군가가 다시 그 상대를 사랑한다는 것은 매우 놀라운 일이다. 그런데도 그러한 일들은 지금도 쉴 새 없이 일어나고 있다.

그 때문에 결혼이라는 것이 이뤄진다. 모든 결혼이 서로가 서로를 사랑하는 완벽한 상태에서 시작하는 것은 아니지만 결혼 후에 서로를 사랑하게 되거나 생각지 못하게 서로를 사랑하게 되었다는 것을 깨닫는 경우는 허다하다.

어디서부터 누가 이 일을 두 사람 사이에서 시작하게 했는지 누가 마법의 지팡이를 휘둘러 그런 일이 일어나게 했는지는 알 수 없다. 내가 누군가를 사랑하고 그 사람이 사랑하게 되는 일이 일어났다 한들 우리는 그것을 성경을 온전히 이해하지 못하는 것만큼이나 온전히 설명하거나 이해할 수 없다.

그러나 하나님은 이해하신다. 아니 그 모든 과정을 알고 계신다. 그는 그의 의지로 택하셨고 또한 선택을 받으시길 기뻐하신다.

온전한 마음으로 자신을 선택하는 사람을 그도 선택하는 일은 그게 누가 먼저가 되었건 그저 사랑일 뿐이다. 결혼이라는 완전한 행복의 결과를 맛보게 되는 복잡 미묘한 과정이라고 밖에 설명이 안 된다.

다만 내가 찾아낸 답은 이것이다. 우리가 십자가 앞에 나가기 위해서는 반드시 우리 스스로가 죄인이라는 것을 깨달아야 한다. 오직 우리 자신의 모습을 똑바로 직시하는 것만이 십자가 앞에 나아갈 수 있는 조건이다.

그럼에도 하나님을 사랑하는 담대함을 가지는 것이다. 이것이 우리 쪽에서 의지적으로 할 수 있는 선택이라고 믿는다.

사랑은 반드시 겸손을 필요로 한다. 나보다는 사랑하는 그 사람에게 맞춰 살아가는 삶을 살기로 결심한다는 것은 상대를 존중하고 사랑하는 마음이 없이는 결코 일어날 수 없는 일이다.

서로를 존중하고 배려하는 마음이 없는 것은 교만의 증거다. 교만한 마음을 가진 사람이 어떻게 상대를 온전히 사랑할 수 있겠는가.

십자가 앞에 나온 죄인들은 모두 자신의 처참함을 깨닫는다. 그들은 거룩하신 하나님 앞에 자신을 비춰보았을 때 한 없이 더럽고 심판에 처할 수밖에 없는 상태임을 자각하는 사람들이다.

인간으로 가지고 있던 모든 자부심과 자랑들은 한 번에 무너지게 될 것이다. 어느 누가 하나님 앞에서 자신을 자랑할 수 있겠는가.

그러나, 그럼에도 불구하고 하나님을 택하게 된 사람들은 하나님 앞에 나와 부탁한다. 당신을 사랑하지 않고는 견딜 수 없으니 이런 나라도 사랑해 달라고 붙든다. 하나님의 천사를 놓고 씨름했던 야곱처럼 이 구렁텅이에서 자신을 건져달라고 하나님의 옷자락을 붙들고 놓지 않는다.

생각해 보라.

하나님이 어떻게 이러한 자들을 택하지 않을 수 있을까.

만약 그분이 정말 온전한 정신이 박힌 신이라면 절대 그렇게 간절한 자들을, 그저 택하지 않았다는 이유만으로 버릴 수는 없을 것이다. 하나님은 이런 자들을 택하신다고 믿는다. 긍휼히 여길 자를 긍휼히 여기시는 하나님이신 것이다.

그러나 만약 이렇게 택하심을 얻었다고 할지라도 그 택하심만을 믿고 자신의 영광을 위해 하나님을 이용한다면 그는 그 택하심을 스스로 져버리게 된다고 믿는다. 하나님은 영원 가운데 계시지만 동시에 인간이 선택하는 시간의 경계에서도 동행하신다.

그는 우리의 시간대에서 일어나는 모든 일에 관심을 쏟으신다. 우리의 선택과 하나님의 택하심은 한순간에만 일어나는 사건이 아니다.

결혼 생활 내내 서로에 대한 신뢰와 존중이 있어야 하는 것처럼 하나님과 사람 사이에서도 삶을 사는 동안 내내 신뢰와 존중을 쌓아나가야만 한다. 만약 나를 구원해주신 그를 이용해 자신의 영광만을 위해서 살아간다면 그 또한 하나님의 택하심을 저버리는 것이다.

기억해야 할 것은 하나님을 버리고 안 버리고는 언제나 인간의 선택에 기인한다는 점이다. 하나님은 끝까지 사랑하시고 끝까지 기다리신다. 그는 언제나 겸손하시고 우리를 배려하시며 존중하실 수 있는 능력을 가지고 계시기 때문이다.

다른 말로 하면 그는 우리를 온전히 완전히 사랑하고 계신다. 그 사랑을 변질시키는 존재는 어디까지나 사람이다. 공의롭지 못한 쪽도 사람이다. 불의를 범하는 것도 사람이요 교만해지는 것도 사람이다.

무엇보다 거짓말하는 자의 속삭임에 자신의 인생을 내어주는 쪽도 사람이다. 빛보다 어둠을 사랑하게 된 자들, 욕망을 채워주는 기적만을 바라는 사람들, 자신의 권력을 위해 진리를 거부하는 자들을 하나님이 어떻게 선택할 수 있을까. 이러한 일은 우리 스스로도 할 수 없고 하지 말아야 할 선택이라고 믿는다. 절대 해서는 안 될 일이기도 하다.

하나님은 바보가 아니다. 악한 마음과 욕심에 가득한 마음과 속이는 마음으로 다가오는 이들을 받아주는 멍청한 신이 아니다. 그는 이러한 자들을 택하시지 않는다. 아니, 그들은 하나님의 사랑을 스스로 저버린 아담과 같은 사람들이다. 스스로 악한 마귀를 선택하기로 결정한 사람들이다. 모든 것을 아시는 하나님은 다만 그들의 선택을 존중하심으로 그도 택하지 않으신 것뿐이다.

인간의 선택은 하나님의 선택을 낳기도 하고 하나님의 선택이 인간의 선택을 낳기도 한다. 이 놀라운 기적을 한 마디로 설명한다는 것은 불가능하다.

우리는 그저 하나님의 교회가 하나님의 택하심을 얻었다는 것을 알 뿐이다. 우리가 하나님을 선택했는데 하나님이 우리를 도로 택하지 않았다면 참으로 슬플 것이다.

아니, 하나님은 언제나 우리를 택하셨다. 하지만 우리는 하나님을 택할 수도 택하지 않을 수도 있는 권리로 때론 그분을 슬프게도 기쁘게도 할 수 있다. 12는 이와 같은 하나님과 교회의 사랑의 결실을 나타내는 숫자가 아닐까 한다.

1,000은 144,000에서 설명한 말한 바와 같이 하나님의 때를 나타내는 숫자다. 오직 하나님의 때, 예수 그리스도 안에서만 이뤄지는 결실이

12, 곧 '하나님의 교회를 채울' 수 있을 것이다. 이런 자들이 모여 세상에서 하나님의 훈련의 광야를 지난다. 우리의 싸움은 끝나지 않았다. 하나님의 택하심을 온전히 지켜내기 위해 하나님을 끝까지 사랑하는 것, 이것이야말로 우리가 영원한 영광에 이르는 최선의 방법이 아닌가 한다.

4장

흰 옷 입은
자들

흰 옷

요한은 이스라엘 12지파의 인 맞은 자들에 관한 환상 후에 또 다른 환상을 보게 된다. 아무라도 능히 셀 수 없는 수의 사람들을 보는데 요한은 그들이 어디에서 왔는지를 확실히 밝히고 있다.

그들은 각 나라와 족속과 백성과 방언에서 나온 사람들이다. 즉, 그들은 지구 곧, 땅에서 살았던 사람들이고 그 가운데 구원을 받은 사람들이라는 것을 보여준다.

여기에 등장하는 나라, 족속, 백성, 방언은 세상을 나누는 기준들이다. 첫째로 세상은 나라로 나뉜다. 현 지구에는 총 200여 개의 나라가 존재한다. 사람의 정체성을 알아보는 데 있어 가장 중요한 정보 중 하나는 어느 나라 사람인지를 알아보는 것이다. 그러나 이 정체성은 다만 어느 나라에 사는지로만 구분되는 것은 아니다.

미국이라는 나라에 함께 살지라도 게르만 민족, 한 민족, 한족, 장족, 유대인 등으로 나뉘는 것처럼 사람의 정체성은 '어느 민족이냐'로도 분류될 수 있다.

하나님은 요한으로 하여금 나라와 민족 외에도 백성으로도 사람들을 구분하여 기록하게 하신다. 이 단어는 영어로 people이라고 하며, 헬라어로는 λαος(laos) '무리'라고 표기된다. 이들은 국가라는 경계선 안에 살아가는 단위라고 할 수 있다. 나라는 지리적인 경계 자체를 뜻하지만, 백성은 나라 안에서 살아가는 사람들 자체를 경계로 지정한다.

나라가 '한국'이라면 백성은 '한국인'이 되는 것이다. 그가 한국이라는 나라의 국적을 가지고 있어도 미국에서 살 수도 있고 일본에서도 살 수 있다.

그러나 만약 구분의 경계선을 나라라는 지리적인 요소로만 정해 놓는다면 그가 한국인 국적을 가지고 있어도 그 사람이 지금 어디 있느냐, 어느 나라에 있느냐로만 구분될 수 있을 것이다. 이곳에서 요한은 백성이라는 경계선도 인류를 구분하는 하나의 또 다른 기준임을 보여주고 있다.

인류는 또한 방언 즉, 언어로도 구분된다. 한 나라에 살고 그 나라의 국적을 가지고 있을지라도 한국어를 쓰는 사람들, 중국어를 쓰는 사람들, 영어를 쓰는 사람들, 스페인어를 쓰는 사람들이 있을 수 있다.

이처럼 인류를 구분 지을 수 있는 기준은 어느 나라에 속해 있느냐, 어떤 민족이냐, 어떠한 무리에 속해 있느냐, 어떤 언어를 쓰고 있느냐에 있다는 것을 계시록은 보여주고 있다. 요약하면 여기에 나오는 사람들은 단지 이스라엘 지파에서만 나오는 사람들이 아니라는 것을 보여준다.

이들의 출신은 온 나라와, 온 민족과, 온 백성과, 온 방언이다. 인류를 나눌 수 있는 모든 경우의 수가 나온 것이다. 나라에 속해있지 않다면 어떤 민족일 것이고, 어떤 민족인지 불분명하다면 어떤 언어든 쓰고 있을 것이다. 말을 사용하지 않고 세상을 살아가는 사람은 단 한 사람도 없기 때문이다.

그렇다면 하나님은 왜 흰 옷 입은 무리들이 이렇게 온 열방으로부터 왔다는 것을 보여주는 것일까. 열방 가운데서 흰 옷을 입은 자들 즉, 구원받은 무리들이 나왔다는 것은 온 세상에 예수 그리스도의 복음이 전파되었다는 것을 의미한다. 만약 그렇지 않았다면 하나님은 요한에게 이런 구체적 경계를 보여주시지 않았을 것이다.

구원의 소식이 온 만방에 전해졌고 어린 양의 피가 어떠한 역할을 하는지 깨달으며 환란 가운데서 믿음을 지킨다는 것이 어떤 것인지 깨달았다는 것은 곧 그들이 복음을 들었다는 것을 증거한다.

숨을 쉬는 모든 이들 중에서도 인간의 사회에 속한 '사람들'만이 구원에 속할 수 있음을 보여주고 있다. 이것이 구원받은 무리들이 가지고 있는 가장 큰 특성이라고 할 수 있을 것이다.

또 다른 특성을 보면, 장로는 이들을 큰 환란에서 나오는 자들이라고 정의한다. 큰 환란에서 나왔다는 것 또한 이들이 땅에서 살았다는 것을 의미한다. 오로지 땅에서만 환란의 시기를 경험할 수 있다. 동시에 오직 땅에서만 어린 양의 피에 죄를 씻을 수 있는 원칙이 적용된다.

그들이 나라와 족속과 백성과 방언에서 나왔다는 것은 유대인들뿐 아니라 모든 세상 곳곳에 사람으로 살았던 자들이 땅에서의 삶을 통과했다는 것을 보여준다.

큰 환란의 시기를 통과하고 그 환란 속에서 어린 양의 피로 거룩하게 하는 믿음의 행위를 지나온 사람들이라는 것은 그들이 이 땅에서 사는 삶의 시간 동안에 영적인 싸움을 해 왔다는 것을 의미한다.

여기서 볼 수 있는 흰 옷 입은 자들의 또 다른 큰 특징은 그들이 하나님의 보좌 앞과 어린 양 앞에 서 있다는 것이다. 교회는 땅에서 살아가면서도 언제나 하나님의 보좌 앞에 접근할 수 있다.

히브리서 기자는 우리가 긍휼하심을 입고 때를 따라 돕는 은혜를 얻기 위하여 은혜의 보좌 앞으로 담대히 나아가라고 종용한다. 이것은 우리가 이 땅에서 숨 쉬고 살아가는 동안에도 하늘의 보좌에 닿을 수 있다는 것을 알려준다.

이 행위를 성경은 기도라고 정의한다. 기도는 예수 그리스도라는 중보자를 통해 이뤄진다. 하늘과 땅을 연결하는 '사닥다리'와 같은 그분을 통해 하나님의 보좌 앞으로 나아갈 수 있는 시간이요, 장소요, 도구다. 그의 이름을 부르는 곳이 곧 하나님의 보좌 앞이다.

흰 옷 입은 구원 받은 무리는 이렇게 삶 속에서 항상 주님의 보좌 앞으로 나아갔고 또 그 앞에서 항상 주님 앞에 간구하며 예배했다는 것을 알 수 있다. 그들의 승리는 거저 얻어지는 것이 아니라 기도와 간구로 믿음의 싸움을 통해 이뤄졌다는 것을 보여주고 있다.

그리고 그들이 가지고 있는 가장 큰 특징은 그들이 흰 옷을 입었다는 것이다. 앞서 말한 바와 같이 옷은 사람의 행위를 의미한다. 특히 계시록에서는 성도들이 입는 옷이 그들의 행위를 나타내고 있음을 여러 번 반복하여 설명한 적이 있다. 장로는 그들의 옷 즉, 행위가 거룩하고 깨끗할 수밖에 없는 이유를 알려준다. 그것은 그들이 어린 양의 피에 자기 옷을 씻었기 때문이었다.

우리의 행위는 우리 스스로 거룩하게 할 수 없다. 오직 우리가 스스로 해야 하는 행위는 오직 매일 십자가 앞에 나아가 예수님의 피로 우리를 정결하게 하는 것뿐이다.

옷에 묻은 더러움을 제거하는 것은 세제와 세탁기가 해 주지만, 세탁하려는 사람 스스로 세탁기에 옷을 가지고 가야하고 세제를 넣어야만 한다.

이처럼 우리의 행위를 깨끗하게 하는 능력은 주님에게 있으나 그 능력을 얻기 위해 스스로 죄를 가지고 나아가는 행위는 우리가 해야만 한다.

이것을 인지하는 것은 예수 그리스도를 믿는 믿음과 우리의 행위의 밸런스를 맞추는 중요한 개념이다. 우리의 행위로는 우리 영혼이 온전히 깨끗해질 수 없다. 오직 우리를 깨끗게 하는 것은 예수님의 보혈뿐이다.

그러나 우리는 그 앞으로 나아가야 한다. 그의 보혈을 믿는 행위는 우리의 회개함으로 나타난다. 죄를 가지고 나아가는 행위 자체는 우리 스스로가 해야 한다는 것이다.

이러한 개념은 이곳에서 '구원받은 무리들이 흰 옷을 입었다'는 행위로 나타나고 있다. 또한 어린 양의 피에 그 옷을 씻었다는 행위로 표현되고 있다.

그들은 구원하심이 보좌에 앉으신 우리 하나님과 어린 양께 있다고 외치고 있다.

이 말은 그들이 입은 흰 옷의 의미를 정확하게 보여주고 있다. 하나님의 은혜이신 예수 그리스도, 어린 양의 죽으심으로 얻게 된 구원이 그들로 하여금 이렇게 외치게 만들고 있는 것이다.

그들이 가지고 있는 또 다른 특징은 종려가지를 가지고 있다는 점이다. 종려나무는 성경에서 중요하게 다루는 나무들 중 하나다. 이 나무의 가지는 초막절에 초막을 지을 때 사용되었던 재료다.

예수님이 예루살렘 성으로 나귀를 타고 입성하실 때도 사람들은 종려나무 가지를 들고 환호했다. 이처럼 종려나무 가지는 하나님의 나라를 예표 하는 식물로 성경에서 사용되곤 한다.

종려나무는 솔로몬의 성전, 에스겔의 성전에 새겨졌던 나무였다.

또, 성경에서 이 나무는 의인이나 번성하는 자들에 관한 비유로도 나타난다. 따라서 종려나무는 성전, 초막, 의인들의 집회를 상징하는 것으로 여겨진다.

구원받은 무리는 한 마디로 교회라고 할 수 있다. 마지막 때에 서 있든 어느 때에 서 있든, 그들은 예수 그리스도의 보혈로 씻은 옷을 입고 있으며 그의 구원을 찬송하고 있는 예수님의 교회다.

그들이 종려나무 가지를 들고 있는 모습은 그들이 교회라는 것을 나타내는 것과 밀접한 연관을 지닐 수밖에 없을 것이다. 종려나무 가지는 그들이 사는 장막 즉, 예수님이 그들을 위하여 세우신 장막 혹은 성전을 의미한다고 볼 수 있다.

이 장막이 뜻하는 건 무엇일까. 이는 두 가지로 추측해 볼 수 있다. 첫째로 그들은 아직 이 세상 속에 살아가는 사람들이라는 점이다. 나라와 족속과 백성과 방언이라는 개념은 온전히 땅에서만 적용된다.

따라서 땅에 거하는 하나님의 교회는 실제적인 건물일 수 있지만, 성령이 거하시는 우리의 육체의 장막, 땅의 장막이라고도 볼 수 있을 것이다.

이들이 아직 땅에 거하는 자들이라고 봐야 하는 이유는 7:15절에 요한이 그들이 하나님의 보좌 앞에 있고 밤낮 하나님을 섬긴다고 기록하고 있기 때문이다.

이 땅에서의 시간을 나타내는 지표는 밤과 낮이다. 그들이 밤낮 하나님을 섬긴다는 것은 그들이 아직 이 땅에서 하나님께 예배하고 있다는 것을 보여주고 있다.

게다가 16절에 와서 요한은 그들이 다시는 주리지 아니하고 목마르지도 아니하고 해나 아주 뜨거운 기운에도 상하지 않을 것이라고 말한다. 이는 미래형이다.

아직 그들에게 닥치지 않은 미래의 약속을 언급한 내용이다. '다시는'이라는 말로 미루어 볼 때 그들은 아직 세상에 있으면서 주리거나 목마르거나 상하고 있는 '고난'을 지나고 있음을 알 수 있다. '다시는'이라는 말은 그전에는 이러한 일을 겪었다는 것을 일러준다.

우리는 그들이 지금 겪고 있는 이 고난들이 큰 환란에서 오는 것임을 짐작할 수 있다(7:14). 그들이 예수님의 보혈로 씻어 정결케 하는 일이 일어났지만, 하나님의 말씀과 예수의 증거로 인해 고난당하는 일은 아직 남아있다.

이러한 자들이 세상에서 겪는 힘겨운 고난을 이겨낼 수 있는 이유는 그들이 언젠가 들어가게 될 영원한 장막을 바라보기 때문이다.

예수님은 그러한 이들을 위해 집을 만드신다고 말씀하신다. 구약과 신약에서 언급하던 영원한 약속의 땅, 그 위에 세워질 영원한 장막이 그들이 손에 쥐고 있는 종려나무가 뜻하는 두 번째 의미일 것이다.

종려나무 가지는 영원한 장막을 기다리며 땅의 장막에서 살아가는 성도들의 모습을 의미한다고 본다.

이 땅에서 오직 성령이 거하시는 장막에 거하는 자들만이 영원한 약속의 장막에 들어갈 수 있을 것이다.

또한, 그들이 손에 종려나무 가지를 들고 있다는 것은 예수님의 나라를 예비하고 있다는 의미로도 볼 수 있다. 영원한 장막, 영원한 성전의 구성원들은 다름 아닌 성도들이 될 것이기 때문이다.

에베소서에서 바울은 우리가 서로 연결되어 하나의 건물이 되어가는 교회라고 말한다. 머리가 되신 예수 그리스도를 따라 건물이 되어가는 몸 된 교회가 바로 우리들 자신이 될 것임을 보여주고 있다.

건물의 모든 설계와 건축은 주님이 하신다. 그러나 우리는 영원한 장막을 예비하고 증거하며 함께 그 건물을 지어가는 것에 동참하는 사람들임을 잊지 말아야 할 것이다. 아마도 그들이 손에 종려나무 가지를 들고 있다는 것은 이와 같이 건물의 완성에 동참하고 있다는 뜻이 아닐까 한다.

흰 옷 입은 무리와 144,000의 연관성

계 7:4절은 인 맞은 이스라엘 자손의 수를 144,000으로 표기한다. 계 7:9절은 아무라도 능히 셀 수 없는 흰 옷을 입은 사람들의 수가 등장한다. 분명한 것은 인 맞은 144,000의 사람들도, 아무라도 능히 셀 수 없는 사람들도 하나님을 섬기고 구원을 받을 사람들이라는 점이다.

인을 맞았다는 것과 어린 양의 피로 씻어 그 옷을 희게 한 것은 사실 같은 진리를 다른 그림으로 보여준 것이다.

이는 하나님의 택하심과 하나님을 택하여 믿는 믿음의 조화를 보여준 것이라고도 할 수 있을 것이다. 인을 맞은 사람들이라고 해서 그들이 하나님을 택하지 않은 것이 아니다. 그들은 하나님의 택하심을 택한 사람들이다.

또한, 믿음으로 구원받았다고 해서 그들이 하나님의 택하심을 받지 않은 것이 아니다. 그들은 하나님이 택하셨고 부르신 자들 가운데 있었다. 그들이 하나님을 섬길 수 있었던 것은 하나님의 택하심 가운데 있었기 때문이다.

요 14장에서 가룟이 아닌 유다가 예수님께 질문한다.

'주여 어찌하여 자기를 우리에게는 나타내시고 세상에게는 아니하려 하시나이까'하고 질문하자 예수님은 '우리'와 '세상'의 차이를 보여주신다.

'사람이 나를 사랑하면 내 말을 지키리니…' 이는 유다가 질문한 '우리'의 모습이다. 하나님의 택하신 사람들(우리)의 선택 즉, 믿음의 형상, 사랑하는 행위는 예수님의 말씀을 지키는 데 있다. 그것을 행하는 자들에게 예수님은 자신을 나타내신다고 말씀하신다. 사람이 예수님을 사랑한다는 것은 그 사람의 예수님에 대한 능동적인 선택이 있었음을 의미한다.

'나를 사랑하지 않는 자는 내 말을 지키지 아니하나니…' 이것은 '세상'에 속한 사람들이 하나님을 택하지 않았던 방식을 보여준다. 그들은 능동적으로 하나님을 택하지 않았기에 예수님의 말씀을 지키지 않았고 예수님은 진짜 자신의 실체를 드러내지 않으셨다.

하나님이 그의 택하신 자들에게 자신을 계시해 주신 것 곧, 성령을 주신 것은 그들이 하나님을 '사랑'했기 때문이다. 그러나 하나님이 '세상'에는 성령을 주시지 않는 이유는 세상은 하나님을 '사랑'하지 않았기 때문이다.

예수님은 이 구절에 앞서 진리의 영이 우리에게 오셔서 임하실 텐데 세상은 이분을 받지 못하며, 알지 못하고 보지도 못한다고 말씀하신다.

무엇을 '본다'는 것은 우리가 진짜 '무엇을 원하는지'와 연관되어 있다. 우리가 정말 하나님을 보기를 원할 때 하나님은 그분 자신을 계시하신다.

따라서 하나님을 본다는 것은 하나님을 아는 것이요 그의 말씀과 실체를 받는 것으로 연결될 수 있다는 것을 알 수 있다.

　상대를 정말로 보기를 원하는 것, 알기를 원하는 것, 그의 말을 받고 듣기를 원하는 행위의 본질은 사랑이다. 우리가 성령을 안다는 것, 본다는 것, 받는다는 것은 오직 하나님을 사랑하는 데서 온다는 것이다.

　인을 맞는다는 것은 곧 성령이 그 안에 있다는 것을 의미한다. 이는 하나님의 택하심이 그에게 있다는 것을 의미할 뿐 아니라 그가 하나님을 사랑했다는 것을 증명한다.

　따라서 능히 셀 수 없는 무리들이 하나님을 택한 것과 하나님의 택하심의 표시인 인 맞은 자들은 따로 떼어 생각할 수 없다. 이는 하나님을 사랑한 자들의 구원에 관한 다른 그림들이다.

　로마서의 믿음과 야고보서의 행위가 조화를 이루는 것과 마찬가지다. 성도는 그 어느 쪽으로도 치우치면 안 된다. 믿음으로 구원을 받지만, 반드시 보좌 앞으로 나아가는 믿음의 행위도 우리의 삶 가운데 있어야만 한다.

　이들은 네 천사가 이 땅에 거대한 심판의 바람이 일어나기 전에 요한에게 보인 사람들이다. 큰 환란이 일기 전에 하나님이 따로 보호하시고 훈련하실 교회라고 할 수 있다.

　따라서 이들은 세상에서 살아가며 구원을 얻고 보호하심을 입되 반드시 큰 환란을 지나가게 될 것이다. 이는 144,000의 숫자의 상징과 큰 환란에서 나오는 자들의 또 다른 공통분모이기도 하다.

144,000의 중요한 의미 중 하나는 40이 뜻하는 바다. 그들은 반드시 훈련의 광야(40)를 지나게 될 것이다. 하나님은 세상이라는 도구를 통해 교회의 믿음을 단련하신다. 믿음의 선진들이 그러했던 것처럼 그들은 훈련을 통해 단단해진 믿음으로 교회의 명맥을 이어갈 것이다.

모든 믿음의 선조들은 환란과 훈련과 고난을 지나왔다. 이 글을 쓰는 요한조차도 자신을 예수의 환란과 나라와 참음에 동참하는 자라고 소개하고 있다. 144,000 또한 믿음의 선진들이 거쳤던 또 다른 종류의 환란을 거치는 것뿐이다.

이처럼 하나님의 나라에 참여하는 자들의 가장 도드라지는 특징은 하나님의 말씀과 증거, 그 나라를 위해 기꺼이 예수의 나라와 그것을 이루기 위한 환란에 동참하는 것이다.

이것은 우리를 영원한 생명으로 이끈다. 환란을 지나가고 십자가를 지게 되겠지만 이는 우리에게 영원한 죽음을 가져다 주지 못한다.

큰 환란을 지나가면서 굶주림과 목마름과 해나 뜨거운 기운에 상할지라도 그들의 구원을 막을 수 있는 자는 아무도 없을 것이다. 그 고난은 그들을 멸망시킬 고난이 아닌 훈련의 광야와 같은 곳임을 이곳 7장에서 보여주고 있다.

십자가는 예수님이 하나님께 명령하셨던 계명이다(요 10:18). 예수님은 계명을 지키는 자들이 곧 자신을 사랑하는 자들이라는 것을 말씀하신다. 사랑하는 자들이라는 증거는 곧 계명을 지키는 행위로 나타난다.

이는 계명이 곧 십자가라는 것을 알려준다. 한 알의 밀알이 땅에 떨어져 죽지 않으면 열매를 맺지 못한다.

열매를 맺지 못하는 자들은 밖에 버려져 불살라지게 된다고 말씀하신다. 이것은 계명을 지키면 곧, 십자가를 통과하면 영원한 생명을 얻게 되지만 그렇지 않다면 이 생명에 참여할 수 없다는 것을 의미한다.

인 맞은 자들과 셀 수 없는 무리들은 모두 이처럼 하나님을 사랑하고 십자가의 죽음을 받아들인 자들이다. 그들이 어떠한 사람들이든지 상관없이 그들은 모든 것을 걸고 하나님을 사랑하는 사람들이다. 어떻게 하나님이 이와 같은 자들을 택하지 않을 수 있겠는가.

십자가를 지고 예수님을 따른다는 것은 그 사람의 모든 삶의 선택이 예수님께 있다는 것을 의미한다. 이것이 곧 하나님 아버지를 사랑하는 강력한 증거이며 성령이 그 위에 임했다는 증거라고 할 수 있다.

그러나 동시에 우리가 알아야 할 것은 우리가 먼저 하나님을 택한 것이 아니라는 것이다. 하나님이 먼저 우리를 택하셨다. 그 택하심으로 우리는 이 계명을 지킬 수 있다.

우리의 고난은 우리가 '어떠한 죽음'을 맞이하게 될지를 결정한다. 계명을 지키는 일은 우리 삶의 광야에서 일어난다. 광야의 훈련은 죽음의 세력에 맞선 믿음을 완성하기 위한 장소라고 할 수 있다.

죽음의 세력을 끝내신 예수님의 능력을 믿는 자들만이 죽음의 세력에 맞설 수 있다. 인 맞은 자들도, 능히 셀 수 없는 흰 옷 입은 자들도 모두 이와 같은 믿음을 소유한 자들이다.

마지막 때에 서 있는 이들은 큰 환란이 앞으로 세상에 불어일 것을 아는 교회다. 그럼에도 불구하고 종려가지를 들고 하나님의 나라를 예비하며 훈련의 광야에 들어가는 선택을 한 사람들이다.

하나님은 이들을 택하시고 보호하실 것이며 모든 근심과 걱정의 순간에 평안을 허락하실 것임을 요한의 환상을 통해 미리 보여주고 계신다.

지금 마지막 때에 서 있는 우리들이 어쩌면 이와 같은 마지막 때의 교회일 수 있다. 하나님의 택하심을 받고 부르심을 받은 자들은 예수의 환란과 나라에 동참하게 될 것이다. 영원한 영광을 위해 기꺼이 고난을 받고자 하는 자는 하나님이 그 이마에 인 쳐주실 것이다.

성령은 그들이 모든 것을 다해 하나님을 섬길 수 있도록 도우실 것이며 영원한 생명을 얻게 하실 것이다. 144,000과 아무라도 능히 셀 수 없는 무리들의 수야말로 이러한 중요한 진리를 나타내는 환상이 아닌가 한다.

큰 소리

'구원하심이 보좌에 앉으신 우리 하나님과 어린 양께 있도다'

이 말은 흰 옷을 입은 자들이 손에 종려가지를 들고 하나님의 보좌 앞과 어린 양 앞에 서서 크게 외치는 말이다. 어쩌면 7장에서 아니, 요한계시록을 통틀어 가장 중요한 문장일지도 모른다.

구원은 하나님과 어린 양에게서부터 비롯된다. 이것을 아는 사람들만이 그 구원을 맛볼 수 있을 것이다.

나는 흰 옷 입은 무리들이 나오는 장면들을 순차적으로 차근차근 짚어보고자 한다. 그래야만 하나님이 요한의 시선을 통해 보여주는 장면들이 우리에게 어떠한 것을 보여주고자 하는지를 더 자세히 들여다볼 수 있기 때문이다.

1. 요한은 그의 눈으로 흰 옷 입은 무리들을 보았다.
2. 그들(흰 옷 입은 무리들)이 큰 소리로 외친다.
3. 그 말에 모든 천사가 보좌와 장로들과 네 생물의 주위에 섰다가 보좌 앞에 엎드려 얼굴을 대고 하나님께 경배하면서 '아멘 찬송과 영광과 지혜와 감사와 존귀와 권능과 힘이 우리 하나님께 세세토록 있을지어다 아멘'이라고 선포한다.
4. 장로 중 하나가 그 말에 응답하여 요한에게 말한다. 이 흰 옷 입은

자들이 대체 누구며 어디서 나왔느냐고 묻는다.

5. 그러자 요한은 당신이 알 것이라고 답한다.

6. 장로는 그들이 하나님의 보좌 앞에 있고 그의 성전에서 밤낮 하나님을 섬기고 있으며 보좌에 앉으신 이가 그들 위에 장막을 치실 것이라고 답한다.

7. 이어서 장로는 그들이 다시는 주리지도 않을 것이고 목마르지도 않고 해나 아무 뜨거운 기운에 상하게 되지도 않을 것이라고 말한다.

8. 그 이유는 보좌 가운데 계신 어린 양이 그들의 목자가 되셔서 생명수 샘으로 인도하시고 하나님께서 그들의 눈에서 모든 눈물을 씻어 주실 것이기 때문이라고 말한다.

첫째로 우리가 인식해야 할 이들의 모습은 144,000이든 흰 옷을 입은 무리든 그들은 모두 '땅'에 거하고 있다는 점이다. 144,000이 인을 맞은 이유는 그들이 거하는 땅에서 일어날 엄청난 바람을 맞기 전에 하나님의 택하심이 그들에게 있다는 것을 보이기 위해서다.

만약 그들이 천상에 머무를 자들이라면 굳이 그들의 이마에 인을 쳐서 구별할 필요가 없었을 것이다.

흰 옷을 입은 무리도 '땅'에서 사는 사람들의 경계에서부터 나온 자들이다. 나라와 족속과 백성과 방언에서 나왔다는 것은 그들이 땅에서 사는 사람들이라는 것을 보여준다.

뒤에 장로들이 그들에 관하여 설명하는 부분에서 '밤낮'이라는 표현과 예수님이 그들을 하나님께로 인도'하실', 눈물을 씻어 '주실'과 같은 미래형을 쓴 것과 그들이 큰 환란을 나오는(현재형, 상태) 자들이라는 묘사를 보면 그들은 아직 땅에 거하고 있는 자들이 확실하다.

큰 환란은 오직 땅에서만 당할 수 있는 사건이다. 그들은 아직 고난 가운데 있고 그들의 죄를 어린 양의 피에 씻는 행위가 필요한 자들이다.

그러므로 144,000이나 흰 옷을 입은 자들 모두 땅에 있는 교회라고 할 수 있을 것이다.

그러나 그들의 '실상', 영적인 위치는 보좌 앞과 어린 양 앞이다. 그들의 소속은 예수 그리스도다.

세상 속에서 살아가고 있지만 예수님의 빛 가운데 거하고 있다. 따라서 그들이 살아가는 영적인 '장소'는 하나님의 보좌 앞과 어린 양 앞이다.

그러한 그들이 큰 소리로 외치는 말은 구원이 하나님과 어린 양에게 있다는 것이다. 그들은 하나님의 나라에 속하되 그저 가만히 앉아서 그의 나라를 기다리는 자들이 아니다. 그들은 복음을 선포하고 외치는 자들이다. 교회가 할 일은 '와 보라'고 세상에 외치는 것이다.

온 열방, 나라와 족속과 백성과 방언에 하나님의 나라를 전파하는 사람들이다. 구원이 하나님과 어린 양에게 있다고 외치는 자들인 것이다.

이러한 행위는 하나님의 말씀과 증거를 가지고 세상에 나아가는 교회의 행위와 연관된다. 하나님의 말씀과 증거로 인해 요한도 다른 형제들도 고난을 받고 있었다.

이는 단지 당시에 있었던 교회에 국한된 환란이 아니었다. 이 환란은 앞으로 예수님의 이름을 증거하게 될 모든 교회에게 임하게 될 것임을 성경은 미리 말해주고 있었다.

이 환란 때문에 그들은 주리고 목마르며 해를 당했다. 그들의 환란과 고난은 단순히 세상에 큰 환란이 일어났기 때문이 아니다. 큰 환란의 때를 지나야 하지만 그들이 고초를 당했던 것은 하나님을 섬겼기 때문이었다. 구원이 하나님과 어린 양에게 있다고 큰 소리로 선포했기 때문이다.

이에 천사들은 응답한다. 이 응답이 어떤 의미를 가지는지를 알기 위해서는 그들의 모습부터 자세히 관찰해야만 한다. 우선 천사들의 위치를 보자. 그들은 보좌와 장로들과 네 생물의 주위에 서 있는 존재들이다. 이 위치만 보아도 천사들이 누구를 위해 존재하는지를 알 수 있다.

그들은 첫째, 하나님을 섬기는 존재들이다. 하나님의 보좌 앞에 엎드려서 경배하는 행위를 통해 그들은 그들의 주인이 누구인지를 보여준다. 그들을 움직이는 그들의 주인은 하나님이시라는 것을 우리는 알 수 있다.

다음으로 그들의 위치는 장로들과 네 생물보다는 보좌에서 떨어져 있다. 보좌와 가장 가까운 위치의 존재들은 장로들, 어린양, 네 생물이다.

그들의 주위에 있다는 것은 그들이 하나님을 섬기는 존재이기는 하지만 네 생물이나 장로들만큼 하나님과 가깝지는 않다는 것을 보여준다.

단순하게 생각해보면 계급적으로 장로들과 네 생물 보다는 위치가 낮다는 것을 알 수 있다. 그리고 그들이 주위에 서 있다는 것은 하나님을 섬기고 또한 네 생물과 장로들도 섬기고 있다는 것을 알 수 있다.

장로들과 네 생물은 교회의 중심 세력들이다. 이들 자체가 교회를 나타낸다고 해도 과언이 아니다. 인류의 모든 교회를 대표하고 있는 자들과 교회의 중심 세력을 상징하는 네 생물은 예수 그리스도의 교회 자체를 보여주는 그림들이다.

그들 주위에 있다는 것은 곧 교회 주위에 있다는 것을 의미하며 이는 천사들이 교회의 존재에 관여하고 있다는 것을 뜻한다.

흰 옷 입은 자들은 이 교회의 권위 아래 있는 사람들이다. 그들이 외치고 있는 진리에 천사들이 응답하고 있다는 것은 천사들이 교회의 구원에 관여하고 있다는 것을 의미하는 것 같다. 만약 그렇지 않았다면 그들이 흰 옷 입은 자들의 외침에 응답할 필요가 없었을 것이다.

앞서 말한 바와 같이 그들이 외치는 것은 곧 하나님의 말씀과 증거를 세상에 증언하기 위해서였다. 구원하심이 하나님과 어린 양에게 있음을 선포하는 것은 예수님의 지상 명령인 땅끝까지 복음을 전하라는 말씀을 수행하는 행위였다. 이를 돕고 있었던 존재들이 천사였다는 것을 우리는 성경의 곳곳에서 볼 수 있다.

베드로의 감옥 탈주를 도운 천사, 바울에게 환상으로 나타난 천사와 같은 존재들은 하나님의 복음을 전파하기 위해, 일하는 교회를 돕기 위해 보내어진 존재들이다.

천사-αγγελος라는 말 자체가 보내심을 받은 자라는 뜻이다. 따라서 이들의 존재 이유는 하나님의 명을 따라 교회를 돕는 것에 있음을 엿볼 수 있다.

그들은 흰 옷 입은 자들의 말에 대답하기를 아멘으로 먼저 동의하고 그다음 찬송과 영광과 지혜와 감사와 존귀와 권능과 힘이 하나님께 영원히 있을 것이라고 선포하며 아멘으로 마무리한다.

이 장면은 어디선가 본 듯하다. 이는 5장에 나오는 장면과 겹쳐 보인다. 계 5:12절은 보좌와 생물들과 장로들을 둘러선 천사들이 큰 음성으로 외치는 말을 기록한 것이다.

'죽임을 당하신 어린 양은 능력과 부와 지혜와 힘과 존귀와 영광과 찬송을 받으시기에 합당하도다'라고 외친다. 이는 어린 양이 인봉이 된 하나님의 책을 받으시고 난 후에 일어난 일이다. 하나님의 구원이 어린 양에게 있음을 선포하기 위해 외친 말인 것이다.

구원은 어린 양으로 인해 이뤄진 일이다. 그러한 그 분이 받으신 것이 능력, 부, 지혜, 힘, 존귀, 영광, 찬송이었다. 이 모든 단어들의 본질이 예수 그리스도께 있음을 선포한 것이다. 이 말은 곧 능력, 부, 지혜, 힘, 존귀, 영광, 찬송이 없는 존재는 예수 그리스도가 아니라는 것을 알려준다.

계 7:12절의 처음 아멘과 마지막 아멘은 마치 예수 그리스도의 시간적인 위치를 나타내는 듯하다. 인류의 처음과 나중을 주관하시는 분이 예수님이심을 선포하고 있다. 찬송, 영광, 지혜, 감사, 존귀, 권능, 힘은 예수 그리스도를 구성하고 있는 요소들이다.

처음이요 마지막이신 예수님이야말로 한정된 시간 속에서 하나님의 구원의 권한을 쥐고 계신 분이시다. 그 구원을 이루시기 위해 찬송이 되시고 영광이 되시고 감사함을 이루시며 그의 존귀로 일을 행하시고 권능을 나타내시며 그의 힘으로 악한 영들을 멸하신다.

이것을 증언하고 있는 이들이 이곳에 서서 외치는 천사들이라는 생각이 든다. 구원받은 흰 옷 입은 무리들의 외침에 응답하는 이유도 그들이 구원받는 모든 과정에 이와 같은 예수님의 도우심이 있었고 그 도우심 속에서 일하는 자들이 천사들이었기 때문이라 여겨진다.

하나님의 구원은 온 우주를 동원한 놀라운 사랑의 결실이다. 온 천사들을 동원하시고 그의 온 힘을 쏟아부으시며 그가 알고 있는 모든 지혜를 사용하신다.

그가 가진 권위와 존귀는 사람의 구원을 위해 적용되는 명분이다. 요셉의 총리라는 자리가 오직 구원을 위해 이용된 것과 같은 이치다.

또한, 그는 그의 영광으로서 우리에게 진리를 비추신다. 우리가 생명의 길로 갈 수 있도록 진리로서 인도하신다. 그는 우리 안에서 찬송이 되고자 하신다. 감사를 받으시고자 하신다. 그는 우리와 사귀기를 원하시며 사랑하기를 원하신다. 이것이야말로 하나님의 나라를 이루는 가장 중요한 본질적 요인이다.

흰 옷을 입은 무리든, 144,000이든, 천사들이든 우리는 모두 하나님이 어떻게 세상에 구원을 이루셨는지를 보고 외치는 증인들이다. 그가 어떻게 행하셨는지를 아는 자들이라면 가만히 있을 수 없을 것이다.

하나님의 일을 선포하고 외치며 삶을 살아갈 수밖에 없을 것이다. 이것이야말로 진정으로 하나님의 구원 속에서 하나님을 사랑하게 된 사람들의 모습이리라 믿는다.

5장

하나님의
장막

장로의 질문

장로 중 하나는 요한에게 질문한다. 그는 이 흰 옷 입은 자들이 누구이며 또 어디서 왔느냐고 물어본다. 이 질문의 의미가 무엇인지 알아보기 위해서는 장로가 요한에게 이 질문을 하게 된 의도를 살펴봐야 한다. 질문하는 의도 안에 질문의 의미도 발견할 수 있기 때문이다.

계 7:13절에 장로는 앞서 12절에서 천사들이 경배하며 외쳤던 말에 '응답하여' 이 말을 하고 있다고 설명한다. 그러니까 천사들은 큰 무리의 외침 직후에 경배하며 외치고 장로는 거기에 응답하는 행위로 요한에게 질문을 던진 것이다. 요한은 왜 이 질문을 '응답'이라는 행위로 기록하고 있을까.

장로는 두 존재, '큰 무리'와 '천사들'의 말에 응답하고 있다. 앞서 살펴본 바와 같이 그들이(큰 무리, 천사들) 외치고 있는 목적은 하나다. 교회의 구원이 하나님과 어린 양에게 있다는 것을 나타내기 위해서다.

더 나아가 그들이 진짜 외치길 원하는 사실은 하나님이 어린 양이신 예수님에게 모든 권세를 이양하셔서 교회의 구원을 이루셨다는 점이다.

따라서 천사들이 외치는 말은 이와 같은 예수 그리스도의 구원과 연관될 수밖에 없을 것이다. 또한, 장로가 요한의 되묻는 질문에 답하는 내용을 보면 왜 그가 교회와 천사들의 외침에 응답하여 이 말을 했는지 알 수가 있다. 그 답도 물론 예수 그리스도의 구원과 밀접하게 연결되어 있다고 믿는다.

장로는 큰 무리가 큰 환란에서 나오는 자들이라고 설명한다. 여기서 '나오는'이라는 동사는 현재형으로 지금도 나오고 있는 동작을 의미하거나 혹은 그들의 현재 상태를 보여주는 말이라고 할 수 있다.

둘 다 어쨌든 '지금' 환란을 당하고 있는 상태를 보여준다. 환란은 반드시 벗어날 것이나 지금은 나오는 중이라는 것을 설명하고 있다.

또한 그들의 영적인 상태는 환란을 나오고 있을 뿐 아니라 '어린 양의 피에 그 옷을 씻어 희게 한 사람들'이라는 말로 설명된다. '씻는다'는 말 역시 현재형이다. 더 자세히 말하면 그들은 매일 씻고 있다.

거룩함을 유지하려고 애쓰는 그들의 상태는 앞서 나온 그들의 외침과 가장 깊은 관련이 있을 것이다.

구원하심이 어린 양에게 있다는 것은 '그들이 입고 있는 옷' 즉, '행실'이 어린 양의 피로 깨끗하게 되었다는 것과 연결된다. 예수님은 요한복음에서 하나님이 가지로(branch) 하여금 더 많은 열매를 맺게 하기 위하여 더 깨끗하게 하신다고 말씀하신다.

여기서 '깨끗하게 하신다'의 의미는 단지 거듭난 후 전신이 깨끗하게 된 것만을 의미하지 않는다. 우리는 환란 속에서 살아가면서 매일 거룩하게 하심을 반복해야 한다.

예수님이 제자들의 발을 씻기실 때 베드로는 이 행위가 예수님과의 깊은 교제를 뜻하는 것임을 알게 되자 자기 온몸을 씻겨달라고 말한다. 그러자 예수님은 이미 목욕을 한 사람은 발밖에 씻을 것이 없다고 말씀하신다.

이 말은 전신의 건전함은 우리의 영혼이 거듭나 태어난 것을 의미한 것이요 발을 씻는다는 것은 거듭난 이후로 우리의 행위를 예수의 피로 깨끗하게 하신다는 것을 의미한다고 본다. 예수님은 앞으로 제자들이 반복하여 이 일, 발을 씻는 행위를 행해야 한다는 것을 베드로에게 말씀하신 것이다.

이처럼 우리는 거듭난 이후에도 거룩함을 지키는 '생활'은 이 땅에서 반드시 이루어져야 한다.

아무리 예수 그리스도라는 나무에 우리가 붙어있어도 열매를 맺지 못하면 하나님은 그 가지를 꺾어 불사르실 것이라고 말씀하신다. 열매를 맺는 것은 반드시 우리의 행위를 동반한다.

가지를 깨끗하게 하는 것, 발을 씻는 것, 어린 양의 피로 입은 흰 옷을 깨끗하게 하는 것, 계 22:14절의 자기 두루마기를 빠는 자들을 복이 있다고 하는 것들은 모두 성도들의 '행위'와 연관된다는 것을 알 수 있다.

다시 강조하지만, 그들이 환란에서 계속 나오고 있는 상태는 '현재'다. 즉, 이 땅에서 살아갈 때 구원은 '지금', '현재' 임한다는 뜻이다. 우리는 연속적으로 계속 현재를 살아가야 한다. 시간의 흐름이 있는 이상 우리는 그 시간의 현재를 걸어가야 하고 그 가운데 임하는 성령의 음성을 듣고 순종해야 한다.

일곱 교회 서신은 성령의 음성을 듣고 순종하는 것이 곧 이기는 방법이라는 것을 반복해서 언급한다. 결국, 그들이 '나오고' 있다는 것은 환란을 지나 나온다는 의미도 되지만 그들이 계속해서 매일 그들의 행위를 성령 안에서 행하고 있다는 뜻도 포함된다.

따라서 큰 무리는 교회일 수밖에 없다. 교회는 성령이 교회들에게 하시는 말씀을 들어서 순종함으로 이기는 자들이다. 그들은 하나님의 택하심을 받았으나 성령의 음성이 말씀하시는 바를 믿음으로 행하는 자들이다.

회개하라고 할 때 회개하고 기억하라고 할 때 기억하는 자들이다. 만약 성령께서 말씀하셨는데도 이행하지 않는다면 그것은 그가 성령의 말씀을 믿지 않고 있다는 것을 보여준다.

하나님은 우리의 삶에서 믿음의 증거를 보기 원하신다. 예수님은 눅 18:8절에 '인자가 올 때 세상에서 믿음을 보겠느냐'라고 말씀하신다. 이와 같이 큰 무리들은 택하심을 얻은 동시에 믿음으로 어린 양의 피를 믿고 자신의 행위를 온전하게 했음을 알 수 있다.

여기서 우리는 장로가 왜 큰 무리와 천사들에게 응답하여 그들의 존재를 구체적으로 설명했는지를 알 수 있다. 앞으로 나타날 모든 교회들에게 보여주시는 구원의 진리를 드러내기 위해서다. 니골라 당이 미혹했던 교훈은 이러한 믿음과 행위의 발란스를 부정한다.

한 번 구원을 얻은 자들은 아무리 우상의 제물을 먹고 음행까지 행해도 여전히 그에게 구원은 유효하다는 가르침은 수많은 성도들을 음부로 끌고 갔다.

이 교훈은 십자가로 자신의 몸을 찢어 얻은 예수님이 열어주신 구원을 스스로 내어 버리게 만드는 사단의 무서운 전략이다. 구원은 어디까지나 값으로 매길 수 없는 하나님의 은혜. 그 은혜를 잃지 않고 나의 모든 것과 바꾸어 하나님의 나라에 들어가기까지 소중히 여기며 우리 스스로를 진리의 길 위로 들여놓는 일은 결코 쉬운 일이 아니다.

그것은 거대한 영적인 싸움이다. 그렇기에 예수님은 그 싸움을 이기게 하실 능력이신 성령을 보내셨다.

그뿐 아니라 그의 사도들을 통하여 그의 메시지를 전달하게 하시고 일곱 교회에 편지를 쓰시고 그 외에도 각 개인과 교회를 향한 수없이 많은 예언과 은사들을 통해 그의 길을 보이신다.

만약 한 번 얻고 아무것도 하지 않아도 될 구원이었다면 하나님은 이처럼 예수님이 오시고 죽으시고 부활하시고 승천하신 이후에도 끝없이 그의 천사들을 통해, 사람을 통해, 성령을 통해 일하시지 않았을 것이다.

하나님은 여전히 일하고 계시며 마지막 하나의 성도가 다 찰 때까지 그 일을 멈추지 않으실 것이다. 장로가 요한에게 하는 그 질문은 우리에게 전하는 중요한 메시지 중 하나다.

그들이 누구이며 어디에서 왔는지를 요한에게 물어보셨다는 것은 이 분문을 읽는 우리들이 반드시 알아야 할 진리이기 때문에 기록된 것이리라고 믿는다.

그들은 누구인가. 어디에서 왔는가. 하는 질문에 요한은 자신이 모른다고 대답한다.

이 말은 진실일 것이다. 각 나라와 족속과 백성과 방언에서 나온 그들의 실체가 도대체 무엇인지 그는 진실로 알지 못했다. 그는 그 어마어마한 모습에 압도되었을 것이다. 종려나무 가지를 흔들며 하나님의 큰 구원을 외치는 그들이 어떤 사람들이었는지 상상조차 못했을 것이리라.

당시 요한의 시절 예수 그리스도의 교회는 아주 작았다. 물론 교회가 이방에게도 퍼져 그 세력이 이스라엘을 넘어 확장되기는 하였어도 그토록 큰 세력으로 성장하리라는 것을 짐작조차 하지 못했을 것이다.

하나님은 요한에게 비전을 제시하셨다. '앞으로 나의 교회 곧, 구원받을 자들은 이처럼 엄청난 무리로 나아오게 될 것이다. 너희 수가 작은 것 같으나 앞으로 나의 교회는 이만큼 성장하게 될 것이며 온 세상에 퍼져 아브라함에게 했던 약속의 성취로 나타나게 될 것이다.'

이와 같은 말씀을 요한에게 그리고 스스로 작아 보였던 당시의 모든 교회에게 하셨던 것은 아닐까 생각해 본다. 실제로 이 시대를 살아가는 우리들은 2,000년 전의 환상이 진짜 실현된 것을 보고 있다.

이스라엘이 하나님 앞에 돌아오는 것은 오히려 작은 일이요 모든 세계가 예수의 이름 앞에 무릎 꿇게 되리라는 선지자의 말이(사 49:6) 정말 실현된 것을 요한은 환상이나마 두 눈으로 보게 된 것이다.

장로는 요한이 알기를 원했다. 이 구원 받은 무리들이 어디에서 온 것이냐, 누구냐 하는 질문을 한 것은 그들이 혈육적인 이스라엘 지파뿐 아니라 예수 그리스도의 구원을 믿는 모든 자들임을 알기를 원했다. 요한은 어리둥절했고 그는 장로에게 알려달라고 말한다.

장로의 대답은 그들이 누구인지, 어떠한 시간과 공간을 거쳐 나온 사람들인지를 말해준다. 무리가 누구인지를 결정짓는 것은 혈육이 아닌 '오직 믿음으로 어떤 선택을 하고 실제 행한 행위'임을 보여주고 있다.

장로의 대답

장로가 알려준 무리들의 정보는 아래와 같다.

1. 흰 옷을 입었다.
2. 큰 환란에서 나온다.
3. 어린 양의 피로 그 옷을 씻는다.
4. 하나님의 보좌 앞에 있다.
5. 하나님의 성전 안에 있다.
6. 밤낮으로 하나님을 섬긴다.

이것은 그들의 현재 모습이다. 그들은 흰 옷을 입은 상태에 있고 큰 환란을 지나고 있고, 자신들의 옷을 깨끗하게 하기 위해 어린 양의 피로 그 옷을 씻고 있다.

그들은 하나님의 보좌 앞에 있고 성전 안에 거하며 밤과 낮으로 하나님을 섬기고 있다. 이는 모두 현재형이다. 현재 큰 환란을 지나며 그 피로 매일 옷을 빨고 하나님을 섬긴다.

이 일은 밤낮 이뤄진다. 이 땅에서 살아가는 사람들이고 그들은 땅에서 거룩함을 지키기 위해 믿음으로 행하는 사람들이다.

이와 같은 모습과 행위를 하는 사람들이야말로 구원받은 자들의 표본이라고 할 수 있다. 이러한 자들이 이면적 유대인들이며 복음이 말하는 바 믿음을 가진 자들의 모습이라고 할 수 있다.

누구든 예수 그리스도를 믿고 그 안에 거하여 성령으로 행하면 그가 유대인이든 이방인이든 간에 그는 원가지인 이스라엘 안에 접붙임 받은 자로서 진정한 이스라엘인으로 거듭나 하나님의 유산을 받을 수 있는 자녀가 된다.

이는 성경에서 말하는 복음의 메시지와 정확히 일치한다. 하나님의 복음의 초청은 모든 사람들, 모든 열방에 보내졌고 그 중 택함을 얻은 자들의 행위가 바로 이와 같은 믿음으로 이뤄진다.

장로는 이처럼 세상에서 믿음으로 행하는 자들에게 하나님이 아래와 같은 약속을 실현시켜 주실 것을 말해준다.

1. 그들 위에 장막을 치실 것이다.
2. 저희가 다시는 주리지 않을 것이다.
3. 다시는 목마르지도 않을 것이다.

311

4. 해나 아무 뜨거운 기운에도 상하지 않을 것이다.
5. 어린 양이 그들의 목자가 되실 것이다.
6. 어린 양이 그들을 생명 샘으로 인도하실 것이다.
7. 하나님이 저희 눈에서 모든 눈물을 씻겨 주실 것이다.

이 약속들은 단지 그들이 죽음 후에, 천국에서 누릴 약속에 관한 것이 아니다. 이 땅에서도 그들은 예수 그리스도와 함께함으로 주리지도 목마르지도 않을 것이다. 그는 모든 것을 능히 공급하실 수 있는 하나님이다. 세상은 주릴지라도 교회는 주리지 않는다. 해나 아무 뜨거운 기운에도 상하지 않을 것이다.

세상이 어찌할 수 없는 사람이 '되는' 것이다. 그들은 영원한 나라에서도 위로를 받으나 이 땅에서도 위로를 받는다. 예수님은 영원한 성도들의 목자이지만 이 땅에서 그 누구보다도 필요한 분이 교회의 목자이신 예수님이시다. 그의 약속은 땅에서도 이뤄지는 것이다.

그리고 이러한 일은 영원한 나라에서도 이뤄질 것이다. 그러나 다시 말하지만, 이 약속은 이 땅에서 성도의 삶 속에서 먼저 이뤄진다. 장로는 '너희가 환란을 당하나 담대하라 내가 세상을 이기었다'는 예수님의 말씀을 다른 모양으로 전달하고 있다.

'예수님을 위해 모든 것을 버린 자들은 현생에 있어 형제와 자매와 어머니와 자식과 전토를 백배나 받되'(막 10:30)라는 주님의 말씀은 복음을 위한 우리의 내려놓음이 다만 내세에서만 적용될 영광이나 상급으로 나타날 것이 아니라는 것을 보여주신다.

이 모든 메시지의 중점적인 시각은 '현재'다. 지금 우리 구원을 얻어야 하고 지금 하나님을 섬겨야 한다. 지금 믿어야 한다. 구원은 오직 이 땅에서 얻을 기회라는 것을 인지해야 한다. 현재를 살아가며 구원을 알 기회는 이 땅에서 우리가 호흡하고 있을 때뿐이다.

히브리서 기자는 이렇게 말한다. 오직 '오늘이라 일컫는 동안에' '매일' 피차 권면하여 너희 중에 누구든지 죄의 유혹으로 강퍅케 됨을 면하라 (히 3:13).

그는 '오늘', '매일'이라는 말을 두 번이나 반복하고 있다. 현재 예수 그리스도를 믿는 삶이 얼마나 중요한지를 강조하고 있는 것이다. 기자는 다음 구절에서도 이렇게 말한다.

우리가 시작할 때 확실한 것을 끝까지 견고히 잡으면 그리스도와 함께 참예한 자가 되리라고 강조한다. 시작과 끝은 모두 우리들의 현재라는 시간으로 채워진다.

단 한 사람도 과거에 머물러 있다거나 미래에 미리 가 있는 사람은 없다. 하나님의 은혜는 시작부터 끝까지 현재를 통해 붙들고 있어야 하는 소중한 선물이다.

지금 이 순간 우리는 믿음의 선택을 해야만 한다. 이 세상에서 예수 그리스도를 믿는 한 우리는 환란을 지날 수밖에 없다.

세상은 예수 그리스도를 미워하고 예수 안에 거하는 성도들을 미워한다. 이 일이 너무나 당연히 일어날 것임을 예수님도 사도들도 수많은 믿음의 선진들도 강조하여 반복하며 외쳤었다.

그 상황에서 실제 우리가 믿는 바를 삶의 발걸음으로 옮기는 행위의 옵션은 두 길뿐이다. '예수의 길'이냐 '세상의 길'이냐. 이 길을 또 다른 말로 하자면 '구원의 길'이냐 '심판의 길'이냐 라고 할 수 있을 것이다.

'어디를 선택하느냐'는 '어느 쪽을 믿느냐'를 나타내는 증거다. 우리가 믿는 바는 반드시 우리의 삶의 끝에서 그 실체가 나타나게 될 것이다.

장로는 큰 무리가 누구든지 간에 그들이 예수의 길을 믿음으로 선택한 자들이라는 것을 말한다. 장로는 그들의 혈통적인 조건도, 그들의 외모도, 그들이 어떤 대학을 나왔고 얼마나 똑똑하고 얼마나 아름답고 얼마나 부자로 살았는지 말하지 않는다.

하나님의 영원한 약속이 주어지는 자들의 조건은 오직 예수 그리스도를 믿는 믿음이다. 장로는 그들이 살아가는 동안 그 믿음이 삶 가운데 어떻게 나타났는지를 언급하고 있다. 진정한 교회란 오직 장로가 보여준

대답에 부합된 자들이라는 것을 보여주고 있다.

하나님은 우리가 삶 속에서 어떤 결정과 마음의 뜻과 생각과 중심을 가지고 살아가는 지를 보신다. 이것이 장로의 대답이 의미하는 바이며 그 시한은 오직 우리가 숨 쉬고 살아가는 이 땅일 뿐임을 기억해야만 할 것이다.

하나님의 장막은 오직 믿는 자들 위에 세워지는 하나님의 특별한 장소다. 하나님을 만나는 장소, 하나님의 임재가 있는 장소, 성령의 특별한 은혜가 주어지는 장소다.

성막 곧 장막은 이스라엘 사람들이 광야를 지날 때 만들어졌던 성스러운 장소다. 하나님이 그들과 함께하시리라는 약속의 장소였다. 이 장막을 그들 위에 치신다는 것은 하나님이 그들의 환란 가운데서 함께 하시며 이끌어 가시겠다는 것을 의미한다.

환란은 광야와 같다. 그 어디도 기댈 곳이 없어 보이는 아픔과 고통과 외로움의 장소다. 그러나 하나님을 발견하고 의지할 수 있는 곳은 광야다.

오직 하나님만 바라볼 수 있는 곳이다. 진정한 이스라엘 지파의 사람들, 택함을 얻은 하나님의 사람들은 다름 아닌 구원받은 사람들이요 환란 가운데서 오직 하나님만 바라보며 예배하는 자들이라는 것을 알 수 있다.

따라서 앞서 나온 12지파의 인 맞은 자들과 지금 등장한 흰 옷 입은 구원받은 자들은 동일 인물들이다. 144,000이 의미하는 바와 흰 옷 입은 자들에게 나타난 조건들은 정확히 일치한다.

계속 강조한 것이지만 다시 살펴보자.
100- 모든 양들, 모든 성도들
40- 훈련의 시간, 광야의 시간, 환란의 시간
4- 이 땅, 세상
1000- 하나님의 때

합치면 144,000은 이 세상에서 하나님의 때에 훈련을 거치는 모든 성도들을 의미한다.

흰 옷 입은 자들은 큰 환란을 지나고, 밤낮으로 이 땅에서 하나님을 섬기고, 어린 양의 피에 자신의 옷을 씻고, 성전 안에 거한다. 목자 되신 예수님이 그들을 인도하신다.

이 두 무리의 모습이 가지고 있는 조건은 구원받을 자들의 모습과 정확히 일치한다. 따라서 이스라엘 12지파에서 인 맞은 자들과 흰 옷을 입은 무리들은 동일한 존재들이다.

하나님의 장막은 그들 위에 있을 것이며 그들은 훗날 영원히 하나님의 성전에 속하게 되어 아버지께서 준비하신 그 집에 들어가 왕 노릇 하며 살아가게 될 것이다.

이 글을 읽는 모든 이들이 지금 이 순간 하나님의 은혜의 형상이신 예수 그리스도를 붙들고 성령의 인을 맞아 영원한 약속의 장막에 들어갈 수 있기를 기도해 보는 바다. 우리 주 예수의 은혜와 진리가 우리 모두를 지키기를 원하며.